Anja Mohr

Sonne, Sand und Wasser

Ganzheitliche Spiel- und Lernanregungen zum Thema Sommer

Ökotopia Verlag, Aachen

Impressum

Autorin Anja Mohr
Illustrator Boris Braun
Fotos Anja Mohr
Covergestaltung PERCEPTO mediengestaltung
Layout & Satz designmeetsmotion.com, Katharina Hoffmann
Druck Drukarnia Dimograf Sp.Z o.o. Polen

ISBN 978-3-86702-595-9

Eine Marke der Bergmoser + Höller Verlag AG

Inhalt

Vorwort

Wer an den Sommer denkt, denkt an Sonne, Sand, Wasser und natürlich an Urlaub. Genau diese Stichwörter haben Kinder in einem Gespräch über den Sommer gebraucht und so hatte ich meine Themenauswahl für dieses Buch, die Kinder einlädt, den Sommer spielerisch und wissensreich zu entdecken.

Der Sommer bietet uns den meisten Sonnenschein und somit die die Möglichkeit die Kraft der Sonne und ihre Schattenseiten zu entdecken. Wie entsteht ein Sommergewitter? Was passiert, wenn die Sonne scheint und es gleichzeitig regnet? Das sind nur zwei der Fragen, die mit den Kindern erarbeitet und beantwortet werden.

Beim Thema „Sonne" ist es wichtig, den richtigen Umgang mit dem Sonnenschein zu vermitteln. „Wenn wir uns im Freien aufhalten, müssen wir uns gut eincremen, im Schatten spielen, viel trinken und vor allem eine Mütze tragen." Ein Kapitel des Buches beschäftigt sich mit Wasser. Dieser Themenbereich bietet sich im Sommer geradezu an. Denn mit Wasser zu spielen und Erfahrungen zu machen, das heißt: Die Umgebung und auch die Kinder werden nass! Das spielerische Experimentieren heißt aber auch Wasser begreifen und so die Lernerfahrungen zu festigen. Wasser und Spülmittel lassen die Kinder zu Schaumschlägern werden und faszinieren sie durch Seifenblasenzauberei.

Sand ist im Sommer das Spielmaterial der Kinder. Er lässt sich spielerisch Entdecken und vielfältig nutzen, z. B. für den Bau einer Sandbahn oder Sanduhr. Mit bunt eingefärbtem Sand entstehen wunderschöne Sandbilder.

Sonne, Sand und Wasser verbinden sich im Thema „Wüste", denn auch dort gibt es Pflanzen, Tiere und Menschen. Die Kinder schauen zu, wie sich die „Rose von Jericho" innerhalb von wenigen Stunden von einem vertrockneten Ball zu einer grünen Pflanze entfaltet. Neben dem bekanntesten Wüstentier, dem Kamel, begegnen die Kinder in ihren Aktionen auch den Erdmännchen und machen Erfahrung mit einer Klapperschlange.

Für viele Kinder heißt es mit dem Beginn der Sommerferien „ab in den Urlaub". Ein Schwerpunkt wird in diesem Kapitel darauf gelegt, wie die Kinder ihre Urlaubsziele erreichen können. Mit Geschichten darüber, dass Ferien auch zu Hause Spaß machen, wird das Thema „Urlaub" abgerundet.

Dieses Buch ist eine riesige Fundgrube praxiserprobter Ideen und Anregungen für eine vielseitig gestaltete Sommerzeit mit Kindern. Bei der Durchführung der einzelnen Beschäftigungen wurden die Kinder jederzeit einbezogen und so wurden viele der Angebote mit den Kindern erarbeitet, umgestaltet und auf ihre Bedürfnisse abgestimmt. Alle Angebote sind praxisnah und wecken das Interesse der Kinder zwischen 2–6 Jahren.

Glauben Sie mir, das Thema begeistert alle! Ich wünsche Ihnen und den Kindern viel Spaß und Freude beim Erleben der Sommerzeit.

Sommer, Sonne, Sonnenschein

Der Sommer ist die Jahreszeit zwischen Frühling und Herbst. Meteorologisch beginnt er am 1. Juni und endet am 31. August. Astronomisch dagegen ist der Sommerbeginn am 21. Juni, dem längsten Tag des Jahres.

Im Sommer klettert das Thermometer auch bei uns schon mal auf über 30° C und damit ist der Sommer die Jahreszeit mit den wärmsten Temperaturen. Das hat damit zu tun, dass die Sonnenstrahlen den steilsten Einfallswinkel in dieser Zeit haben.

Der Sommer ist eine wunderschöne Zeit, die Sonne scheint, es ist schön warm, viele Blumen blühen. Da heißt es draußen spielen, baden oder Eis essen gehen und in den Sommerferien mit der Familie Urlaub machen.

Geschichte Eine Sommergeschichte

Alter: ab 3 Jahren
Material: Malpapier, Stifte

Kommen Sie mit den Kindern zu einem Sitzkreis zusammen und lesen Sie die Geschichte von den drei Sommermonaten vor.

Die drei Freunde Juni, Juli und August freuen sich: Endlich ist es soweit, gemeinsam dürfen sie wieder als Sommer über das Land ziehen.

„Bin ich froh, dass wir loslegen können!“, freut sich der Juni. „Ja, endlich ist Sommer“, stimmt der Juli fröhlich zu. „Oh, ihr wieder!“, meldet sich der August. Er ist längst nicht so fröhlich und gut gelaunt wie die anderen, denn er muss mit seinem Einsatz noch warten, bis Juni und Juli dran waren. „Dieses Jahr möchte ich, dass ihr alles richtig macht, dass ihr den Menschen einen richtigen Sommer bietet.“ Verdutzt sehen sich Juli und Juni an. „Einen richtigen Sommer, das machen wir doch jedes Jahr. Was meinst du damit?“, fragt der Juni.

Der August überlegt seine nächsten Worte lange, will er doch seine beiden Freunde nicht verärgern: „Achtet auf das Wetter, die Bäume und Büsche, die Blumen, die Kräuter und Gräser und auf die Tiere zu Wasser und zu Lande.“ Juni und Juli schauen ratlos, was meint der August? „Das ist doch ganz einfach: Für das Wetter im Sommer heißt das, macht es warm bis heiß. Für die Pflanzen, dass ihr es auch mal regnen lasst, aber nicht zu oft! Vergesst vor allem die Menschen nicht, die müssen sich freuen, und achtet dabei auf die Stimmen der Kinder. Die Kinder, hört ihr? Die Kinder sind besonders wichtig.“

Der August redet und redet und findet immer noch mehr Ratschläge für den Juni und den Juli.

Irgendwann reicht es den beiden und sie stoppen ihn: „Jetzt sei mal still, wir machen das doch nicht das erste Mal, jedes Jahr erfreuen wir die Kinder“, schmollt der Juni und der Juli fügt hinzu: „Du und deine Ratschläge. Wie in jedem Jahr werden wir unser Bestes geben. Wenn wir auch mal Fehler machen, so gehören sie ebenso zum Sommer wie Regen- und Sonnenzeiten, kühle und warme Tage. Hörst du? Wir mischen uns ja auch nicht bei dir ein!“ Da brummt der August: „Stimmt, ihr beiden habt ja recht. Aber leider höre ich als letzter Monat des Sommers immer die Klagen wie: „Das war bis jetzt kein schöner Sommer. Es war viel zu kalt und dauernd hat es geregnet ... und ich muss es dann immer wieder richten.“

Voller Mitleid versprechen Juni und Juli ihrem Freund August, sich dieses Jahr besonders anzustrengen, damit vor allem die Kinder einen wunderschönen Sommer erleben können.

Leiten Sie mit dem letzten Satz ein Gespräch mit den Kindern darüber ein, was am Sommer so besonders ist. Geben Sie folgende Gesprächsanregungen:

„Was können wir nur im Sommer machen?“
Oder:
„Was können wir nur im Sommer erleben?“

Anschließend malen die Kinder ein Bild zum Sommer.

Brainstorming Die Sonne

Alter: ab 4 Jahren
Material: 1 Bild der Sonne, 1 Ball, 1 Erbse, 1 leeres Plakat, Stifte, Malblätter, Pinsel und gelbe Fingerfarbe

Im Sommer nehmen wir die Sonne besonders intensiv wahr. Mit diesem Angebot vermitteln Sie den Kindern Wissen über Aussehen, Form und Größe der Sonne.

Die Kinder betrachten das Bild der Sonne und beschreiben, was sie sehen. Das Wissen der Kinder und ihre Vermutungen werden auf einem Plakat festgehalten und hin und wieder mit Informationen über Größe und Entfernung der Sonne zur Erde ergänzt.

Tipp: Die Kinder können ihre Antworten auch malen.

Wie groß die Sonne ist, lässt sich den Kindern anschaulich mit einem Ball als Sonne und einer Erbse als Erde zeigen.

Anschließend malen die Kinder auf Malpapier mit gelber Fingerfarbe ihre eigene Sonne.

Die Handsonne

Kreatives Angebot

Den Pappteller auf der Rückseite mit der gelben Farbe bemalen. Mit einem Bleistift auf dem gelben Tonkarton eine Hand des Kindes ca. 8 - bis 10 - mal nachzeichnen und ausschneiden. Die Hände wie Sonnenstrahlen um den Pappteller kleben.

Der Sonne malen die Kinder noch ein lachendes Gesicht.

Alter: ab 3 Jahren
Material: für jedes Kind 1 Pappteller, gelbe Fingerfarbe, Pinsel, gelber Tonkarton, Schere, Kleber, Bleistift, schwarzer und roter Stift

Variante

Die Sonne kann auch als Gemeinschaftsarbeit der Kinder den Gruppenraum verschönern. Dazu von jedem Kind eine Hand auf Tonkarton aufmalen, ausschneiden und evtl. beschriften.

Auf einem Bogen Tonkarton (gelb) alle Hände zu einem Kreis anordnen und so die Größe der Sonne festlegen. Diesen Kreis ausschneiden und alle Hände ankleben.

Tipp: Statt des jeweiligen Namens der Kinder können auch Fotos der Kinder aufgeklebt werden.

Geschichte Was macht die Sonne nachts?

Alter: ab 4 Jahren

Luca und Leonie verbringen die Ferien mit ihren Eltern am Meer. Jeden Tag gehen sie an den Strand, um da zu spielen und im Wasser zu toben. Urlaub am Meer ist einfach das Schönste, das Leonie sich vorstellen kann. Sie kann gar nicht genug davon bekommen. Und auch Luca, Leonies kleiner Bruder, hat großen Spaß. Er sitzt im flachen Wasser und gräbt mit den Händen einen Graben für das Wasser. So vergehen die Tage am Meer wie im Flug.

An ihrem letzten Tag wollen alle die Sonne, den Sand und das Meer noch einmal so richtig genießen und bemerken gar nicht, dass sie die Letzten am Strand sind. „Beeilt euch Kinder, sonst müssen wir im Dunkeln zurück ins Hotel", warnt die Mama. „Halb so wild", antwortet Papa, „heute ist unser letzter Urlaubstag. Und den Weg zum Hotel finden wir auch im Dunkeln. Lasst uns lieber noch zusammen den Sonnenuntergang anschauen." „Oh, ja!", ruft Leonie begeistert, „das habe ich noch nie gesehen!" „Ich auch nicht", sagt Luca.

„Gut, dann bleiben wir hier, bis die Sonne untergeht", stimmt Mama zu, „aber vorher ziehen wir uns an und packen alles zusammen." So schnell wie nie zieht Leonie sich an und sammelt das Strandspielzeug ein. Papa klappt den Sonnenschirm zusammen und presst die Luft aus dem großen Wasserball. Fünf Minuten

später sind alle angezogen und die Strandsachen fix und fertig verstaut. Nur der blaue Lieblingsball von Luca ist nicht eingepackt, den will Luca später selbst tragen.

Nun sitzen die vier am Strand, schauen dabei aufs Meer und warten und warten auf den Sonnenuntergang. Lange kann es nicht mehr dauern. Die Sonne steht schon tief am Himmel und sieht aus wie ein riesiger goldener Feuerball, der gleich im Meer versinkt. Und auch der Himmel und das Meer, die den ganzen Tag über strahlend blau waren, schimmern jetzt golden.

Mama holt eine Tüte süße Fruchtgummis aus der Provianttasche und gibt Luca ein paar in die Hand. So eine Gelegenheit kann Leonie sich natürlich nicht entgehen lassen und nascht auch. Zwischendurch schaut sie immer wieder nach, wie weit die Sonne noch vom Wasser entfernt ist. Sie hält ein Fruchtgummi hoch, das aussieht wie ein Bärchen, es passt genau zwischen die Sonne und das Meer. „Genau eine Bärchengröße", stellt sie fest und lässt das Gummibärchen im Mund verschwinden. Beim nächsten Mal ist es nur noch ein halbes Bärchen und als Leonie noch einmal hinschaut, berührt die Sonne schon das Meer. Langsam sinkt sie tiefer und tiefer. Erst ist sie halb zu sehen, kurz darauf ist nur noch ein klitzekleines Stückchen vom Rand zu sehen und plötzlich ist sie weg. „Jetzt ist die Sonne schlafen gegangen", ruft Luca.

Leonie sieht ihren Vater fragend an: „Geht die Sonne wirklich schlafen?" „Nein", antwortet Papa und lacht. „Das sieht nur so aus. In Wirklichkeit wandert die Sonne langsam auf die andere Seite der Erde." „Welche andere Seite?", fragt Luca. „Die Erde ist doch rund, ungefähr so wie dein Ball", erklärt Leonie ihrem Bruder und schaut ihren Papa an, ob die Antwort auch richtig ist. „Genau, das hast du ganz richtig gesagt." Der Papa nimmt Lucas blauen Ball in die Hand. Er hält ihn hoch in die Luft und sagt: „Das ist jetzt unsere Erde. Sie dreht sich in vierundzwanzig Stunden einmal um sich selbst. Von Westen nach Osten". Langsam dreht Papa den Ball im Uhrzeigersinn um sich selbst. Da der Ball aber rundum blau ist, können die Kinder die Bewegung kaum erkennen. Da hat Papa eine Idee. Er nimmt die Tüte mit Süßigkeiten und reißt vier kleine Schnipsel ab. Er feuchtet das Papier an und klebt die vier Papierschnipsel auf den blauen Ball. Jetzt ist Leonie gespannt. „Das sind wir vier", erklärt Papa und zeigt mit dem Finger auf die Schnipsel. Wieder dreht er den Ball um sich selbst. Zuerst sind die vier Schnipsel vorne. Dann verschwinden sie immer mehr und sind schließlich gar nicht mehr zu sehen. „Stellt euch vor, die Hand, von Mama ist die Sonne." Die Mama hält eine Hand hoch und Papa hält den Ball mit den Schnipseln direkt vor ihre Hand. Langsam lässt er den Ball wieder um sich selbst drehen. Zuerst sind die Schnipsel vorne. Sie verschwinden immer mehr und sind schließlich gar nicht mehr zu sehen. „Jetzt ist es bei uns dunkel und auf der anderen Seite der Erde ist es hell." Papa nimmt die Schnipsel vom Ball, gibt ihn Luca und sagt: „Jetzt machen wir es wie die Sonne, wir wandern und zwar ins Hotel!"

Sie nehmen ihr Gepäck und wandern gemeinsam durch die dunkle Nacht zum Hotel.

Versuch Sonne und Erde

Alter: ab 4 Jahren
Material: 1 blauer Ball, 4 Klebepunkte

Mit diesem Angebot greifen Sie mit den Kindern das Beispiel „Sonne und Erde" aus der Geschichte auf.

Auf einen blauen Ball vier Klebepunkte befestigen.

Den Ball nun langsam vor den Kindern im Uhrzeigersinn drehen. Ein Kind kann dabei die Sonne spielen und die anderen Kinder sehen, wie sich die Punkte von der Sonne wegdrehen, es wird Nacht.

Erweiterung Sonnenuntergang malen

Alter: ab 4 Jahren
Material: Malblätter, Wasserfarben, Pinsel, Becher, Wasser

Die Kinder malen zur Geschichte ein Bild der untergehenden Sonne. Dabei sollten sie darauf achten, dass sie für Himmel und Meer zwei unterschiedliche Blautöne verwenden.

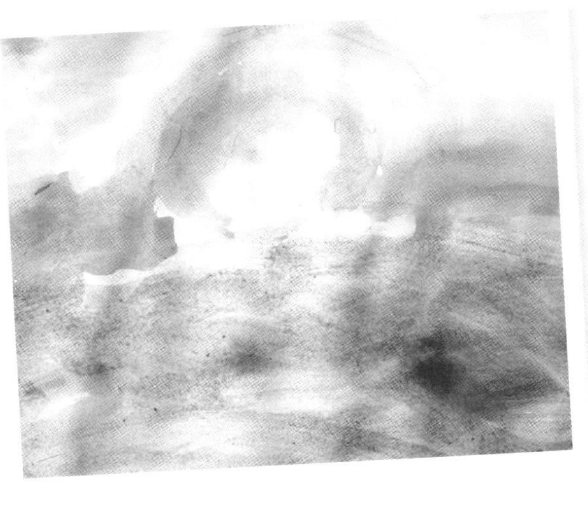

Sonne und Schatten

Versuch

Dieses Angebot macht die Kinder mit dem Thema „Sonne und Schatten" vertraut.

Alter: ab 4 Jahren
Material: Stock, Kreide, Maßband, Eieruhr

Beginnen Sie diese Beschäftigung mit den Kindern bereits früh am Morgen, da Sie für das Schattenexperiment einen ganzen Tag benötigen.

Klären Sie zuerst ab, was die Kinder über das Thema Schatten bereits wissen. Erst danach geben Sie ihnen folgende kurze Erklärung: „Wenn die Lichtstrahlen der Sonne auf einen Gegenstand treffen, kommen sie nicht hindurch. Deswegen entsteht hinter diesem Gegenstand ein Schatten."

Besprechen Sie mit den Kindern die heutige Aufgabe: „Gemeinsam werden wir heute einen Schatten beobachten, den Schatten dieses Stockes."

Den Stock an einen Platz stellen, wo er den ganzen Tag in der Sonne stehen kann. Die Kinder malen regelmäßig mit Kreide den Schatten nach. Sie stellen eine Eieruhr auf eine Stunde und sehen nach Ablauf der Zeit nach, wie sich der Schatten verändert hat. Sie beobachten die Veränderung des Schattens über einige Stunden hinweg und zeichnen immer wieder den Schatten des Stockes mit Kreide nach.

1. Die Kinder stellen fest, dass sich der Schatten jedes Mal an einer anderen Stelle befindet. Er dreht sich im Uhrzeigersinn um den Stock.
2. Der Schatten verändert auch seine Länge, dies messen die Kinder mit einem Maßband nach.
3. Der Stock ist 80 Zentimeter hoch. Um neun Uhr war sein Schatten 150 Zentimeter lang, mittags um ein Uhr nur noch 20 Zentimeter. Danach wurde der Schatten wieder länger.

Erklärungen

1. Da sich die Erde innerhalb eines Tages um sich selbst dreht, steht die Sonne im Verlauf des Tages immer wieder an einer anderen Stelle. Man sagt auch, die Sonne wandert über den Himmel von Ost nach West. Da wo die Sonne am Morgen aufgeht, ist die Himmelsrichtung Osten. Am Abend, kurz bevor sie verschwindet, ist sie im Westen. Das erklärt, warum der Schatten immer an einer anderen Stelle ist.
2. Warum der Schatten seine Größe verändert, erklärt der sich ändernde Sonnenstand: Steht die Sonne hoch am Himmel, treffen die Sonnenstrahlen direkt von oben herab auf den Stock. Daher erzeugt ein hoher Sonnenstand kurze Schatten, ein niedriger Sonnenstand lange Schatten.

Variante

Verdeutlichen Sie den Versuch im Zeitraffer noch einmal:

Einen Bleistift in ein Stück Knete oder Becher stecken und diesen in die Mitte eines Bogens weißen Tonpapiers stellen. Als Sonne dient eine Taschenlampe. Den Raum etwas abdunkeln und den Versuch wiederholen, indem mit der Taschenlampe der Lauf der Sonne simuliert wird. Dabei den veränderten Schatten nachzeichnen.

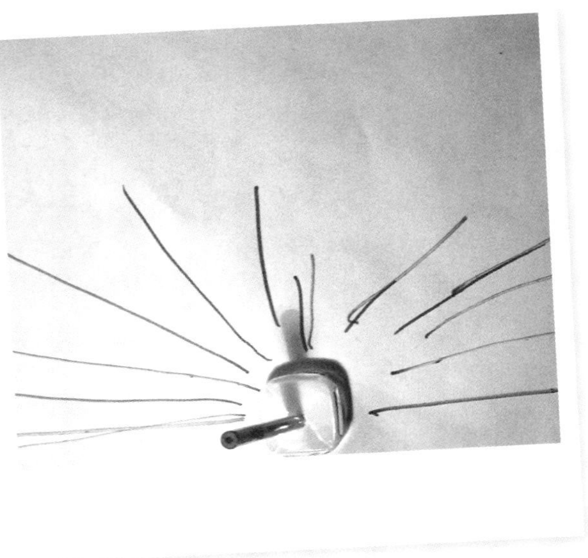

Versuch Sonnenuhr

Alter: ab 4 Jahren
Material: Blumentopf mit Loch, Stock, Sand, wasserfester Stift, Uhr

Der vorangegangene Versuch hat den Kindern das Prinzip einer Sonnenuhr aufgezeigt, deshalb können sie im nächsten Schritt eine Sonnenuhr selbst gestalten.

Den Blumentopf mit Sand füllen und den Stock in die Mitte stecken.

Drei Dinge sind wichtig:

1. Der Blumentopf sollte ein Loch haben, damit bei Regen das Wasser ablaufen kann.
2. Er sollte so fest stehen, dass er bei Wind nicht gleich umfallen kann.
3. Die Sonnenuhr an einem Platz aufstellen, an dem sie nicht mehr bewegt werden muss und sie den ganzen Tag in der Sonne steht.
4. An einem ganzen Tag machen die Kinder zu jeder Stunde am Rande des Topfes einen Strich und schreiben bzw. malen die Uhrzeit dazu.
5. Ab dem nächsten Tag können die Kinder am Blumentopf die Uhrzeit ablesen.

Tipp: Die Kinder können die Zahlen auch durch feste Termine im Tagesablauf wie Frühstück, Morgenkreis, Freispiel, Mittagessen, Ruhezeit, Abholzeit ersetzen. So können sie erkennen, was als nächstes geschieht.

Die Kraft der Sonne

Versuch

Bei diesem Experiment geht es um die Kraft der Sonne. Deshalb sollte es an einem sonnigen Tag in der Mittagszeit stattfinden.

Alter: ab 4 Jahren
Material: Wasser, 2 Stoffstücke (alternativ zwei T-Shirts), 2 Gläser, leere Kunststoffflaschen (Spülmittel o. Ä.), Asphaltfläche (Zufahrt, Terrasse o. Ä.)

Die Kinder treffen Aussagen, was sie sich unter der Kraft der Sonne vorstellen: Die Sonne hat zum Beispiel die Kraft etwas zu trocknen.

1. Um dies zu verdeutlichen, feuchten die Kinder zwei T-Shirts an. Das eine T-Shirt hängen sie direkt in die Sonne, das andere in den Schatten.
2. Gleichzeitig füllen sie zwei Gläser mit Wasser und markieren bei beiden den Wasserstand. Auch hier die gleiche Vorgehensweise: Ein Glas Wasser stellen sie in die Sonne, das andere in den Schatten.
3. Nach etwa 1,5 Stunden schauen die Kinder nach.
4. Das T-Shirt in der Sonne ist trocken,
5. Das im Schatten noch feucht.
6. Sie vergleichen auch die Wasserstände in den Gläsern und stellen fest:
7. Die Sonne hat die Kraft, das Wasser verdunsten zu lassen.
8. Zum Abschluss füllen die Kinder ihre Flaschen mit Wasser und „bemalen“ damit den trockenen Asphalt. Die Kinder beobachten, wie schnell die Straße wieder trocknet.

Informationen

Die Sonne ist eine Energiequelle, die rund 3000-mal so viel Energie liefert wie alle Menschen auf der Welt zurzeit brauchen. Dabei produziert sie weder gefährlichen Müll, noch klimaschädigende Gase. Ein einziger Quadratmeter auf der Sonne liefert so viel Energie wie 1.000.000 helle Glühbirnen.

Die Sonne wird heute vielfach genutzt, um Strom bzw. Solarstrom zu erzeugen. Immer mehr Menschen nutzen diesen Strom bereits zu Hause. Die Kraft der Sonne steht uns kostenlos zur Verfügung und liefert sauberen Strom, der die Umwelt nicht schädigt.

Versuch

Die Sonne als Energiequelle

Alter: ab 4 Jahren
Material: Solar-Gartenleuchte, Solartaschenrechner
Material für die Variation: Solarzelle, kleiner Motor, Kabel aus einem Elektrobaukasten

Bei einem Spaziergang gehen Sie gemeinsam mit den Kindern auf Entdeckungstour.

Weisen Sie die Kinder bei einem Spaziergang darauf hin, besonders auf die Dächer der Häuser zu achten. Gemeinsam suchen alle nach Solarmodulen auf den Dächern, die wie dunkelblaue Glasplatten aussehen.

Zurück in der Einrichtung sprechen Sie mit den Kindern über die Solarplatten und fragen, ob ein Kind etwas über diese weiß. Ergänzen Sie das Wissen der Kinder durch einfache Erklärungen:

Informationen

Ein Material, das Licht in Strom umwandeln kann, ist Silizium und 90% der Solaranlagen oder auch Fotovoltaik bestehen daraus. Dieses Silizium hat die Eigenschaft, die Strahlen bzw. die Energie der Sonne einzufangen und in Strom umzuwandeln. Sobald die Sonnenstrahlen das Solarmodul treffen, bringen sie die Elektronen, die in dem Silizium schlummern, dazu, sich zu bewegen. Elektronen sind kleine Teilchen, die wir mit bloßem Auge gar nicht sehen können. Sie bewegen sich durch Drähte im Solarmodul und dadurch entsteht Strom. Die Kabel führen zu einem elektrischen Gerät und wenn sie dort ihre Arbeit getan haben, sind sie „leer" und kehren zurück in die Anlage, wo sie von der Sonne wieder neue Kraft bekommen.

Zeigen Sie den Kindern den Taschenrechner mit Solarfeld und die Gartensolarleuchte. Erklären Sie, dass die beiden Geräte mit Sonnenenergie funktionieren. Lassen Sie die Kinder die Geräte in die Sonne oder unter das Licht einer Lampe legen. Die Kinder werden feststellen, dass die Geräte schon nach kurzer Zeit funktionieren.

Variante

Aus der Solarzelle und dem kleinen Motor bauen die Kinder einen Stromkreis. Dazu schließen sie einen kleinen Motor mithilfe der Kabel an eine Solarzelle an. Die Kinder erforschen, wie sie die Solarzellen zur Sonne halten müssen, damit sich der Motor dreht.

Macht es einen Unterschied, welche Seite der Solarzelle zum Licht zeigt?

Sonnenschutz

Geschichte

Alter: ab 3 Jahren
Material: Plakat, 1 Malvorlage *Sonnenschutz* für jedes Kind + 1 x vergrößert (Anhang S. 100), Buntstifte, Schere, Kleber

Die Kraft der Sonne kann auch der Haut Schaden zufügen. Allerdings tun sich viele Kinder mit dem Eincremen und mit dem Aufsetzen einer Mütze sehr schwer. Die folgende kleine Geschichte hilft dabei, ein Verständnis für diesen Schutz zu entwickeln:

An einem heißen Sommertag gehen Mimi und Tina gemeinsam ins Schwimmbad. Dort angekommen zieht Mimi sofort ihre Kleider aus und rennt ins Wasser. „He, Mimi, was ist mit Eincremen?", ruft Tina. „Das brauch ich nicht, das ist was für Babys", antwortet Mimi und schon planscht sie im Wasser. Noch nass geht sie auf den Spielplatz, der keinen Schatten bietet, um zu schaukeln. Als sie zurück zu Tina kommt, die es sich im Schatten gemütlich gemacht hat, fängt Tina an zu lachen: „Du bist so rot wie eine Tomate!" Mimi findet das gar nicht lustig, denn ihre Haut spannt und brennt ein wenig. „Du hast einen Sonnenbrand", stellt Tina fest, „du hättest deine Haut vor der Sonne schützen sollen." „Wie mache ich das?", fragt Mimi. Tina erklärt ihr: „Zuerst musst du dich überall mit Sonnencreme eincremen. Dann solltest du immer eine Mütze tragen, am besten eine mit Schild, damit deine Augen auch gleich vor der Sonne geschützt sind. Wenn du nicht im Wasser bist, ziehst du am besten immer ein T-Shirt an. Ganz wichtig, wenn du dich ausruhen willst, machst du das im Schatten, und wenn du doch in der Sonne spielst, dann nicht zu lange, denn irgendwann lässt auch die Wirkung der besten Sonnencreme nach. Wenn du dich regelmäßig eincremst

und das alles beachtest, bekommst du eigentlich nie einen Sonnenbrand." Mimi hat genau zugehört und nimmt sich vor, diese Sonnenschutzregeln ab jetzt beim Baden und beim Spielen in der Sonne zu berücksichtigen.

Kopieren Sie die Bilder der Malvorlage vergrößert. Besprechen Sie die Bilder nacheinander mit den Kindern in der Gruppe und lassen Sie die Kinder sie als Sonnenschutzregeln auf ein Plakat kleben und anmalen. Jedes Kind bekommt eine Malvorlage für zu Hause und darf diese farblich ausgestalten.

Versuch + Hauswirtschaftliches Tun

Schoko-Früchte aus dem Sonnenofen

Alter: ab 4 Jahren
Material: Schuhkarton, Alufolie, Obst, Messer, Schokoraspel

Den Karton mit Alufolie – die glänzende Seite zeigt nach oben – auskleiden und glatt ausstreichen. Die Kinder schneiden das Obst ihrer Wahl in mundgerechte Stücke, legen diese in den Karton und bestreuen sie vorsichtig mit den Schokoladenraspeln. Je nach Tageszeit und Wärme an diesem Tag, kann es eine halbe Stunde dauern, bis das Schokoobst fertig und die Schokolade über dem Obst zerlaufen ist. Anschließend den Karton kurz in den Kühlschrank stellen, damit die Schokolade wieder fest wird. Das Obst hat einen Schokoladenguss und ist zum Essen bereit.

Fingerspiel

Der Sonnenstrahl

Alter: ab 2,5 Jahren

Die Sonne strahlt vom Himmel voller Wonne.
Die Finger einer Hand spreizen und hochhalten.
Sie schickt dir einen Sonnenstrahl mitten ins Gesicht
Mit dem Zeigefinger auf die Nase tippen.
Da kommt auch schon ein zweiter Strahl.
Mit zwei Fingern auf die Nase tippen.
Ein dritter Sonnenstrahl ist nicht mehr weit.
Mit drei Fingern über die Nase streichen.
Der vierte Strahl ist zwar ganz klein, will aber auch wie die Großen dabei sein.
Vier Finger an die Nase legen.
Der letzte Strahl, das ist der Dicke hier, der macht auch noch mit!
Mit dem Daumen wackeln.
Deine Nase ist jetzt ganz mit Sonnenstrahlen bedeckt.
Hand über die Nase halten.
Abends geht die Sonne unter, ihre Strahlen winken munter.
Winken.

Windlicht-Sonne

Kreatives Angebot

Alter: ab 3 Jahren
Material: Gläser, Kleister, Pinsel, Transparentpapier (orange, gelb), Wasser, Becher

Und so wird's gemacht:

- Den Kleister nach Anleitung mit etwas Wasser anrühren.
- Das gelbe Transparentpapier in kleine Stücke (ca. 2 x 2 cm) reißen. Die Kinder bekleben das ganze Glas mit den Papierschnipseln.
- Aus dem orangen Transparentpapier einen Kreis und bis zu 10 dünne Streifen (ca. 5 cm lang) reißen.
- Die Kinder bringen den Kreis in der Mitte des Glases mit Kleister auf. Die Streifen ordnen sie als Sonnenstrahlen um den Kreis an und kleben sie ebenfalls mit dem Kleister auf.

Der Regenbogen

Klanggeschichte

Alter: ab 3,5 Jahren
Material: Triangel, Trommel, Glockenspiel, Klangstäbe, Schellenkranz, Gong

Triangel	= Sonnenstrahl
Trommel	= Wolke
Glockenspiel	= Sonne
Klangstäbe	= Tiere
Schellenkranz	= Menschen
Gong	= Erde

Vorbereitung

Lesen Sie den Kindern die Geschichte zuerst ohne den Einsatz der Instrumente vor. Stellen Sie danach die Instrumente vor. Erarbeiten Sie gemeinsam mit den Kindern die Schlagworte im Text und ordnen diesen Schlagwörtern passende Instrumente zu.

Verteilen Sie die Instrumente an die Kinder – die Klangstäbe und der Schellenkranz können hierbei mehrfach eingesetzt werden. Jetzt die Geschichte erneut vortragen, legen Sie an Schlagwortstellen eine Sprechpause ein, hier setzen die

Instrumente ein. Um den richtigen Einsatz zu gewährleisten, hat sich Blickkontakt zu den Kindern bewährt.

Die **Sonne** *ist gerade aufgegangen und ein kleiner* **Sonnenstrahl** *macht sich bereit, bis auf die* **Erde** *zu scheinen. Der* **Sonnenstrahl** *will an diesem Tag die* **Menschen** *und* **Tiere** *auf der* **Erde** *erfreuen. Denn der kleine* **Sonnenstrahl** *hat schon einmal erlebt, wie sich die* **Menschen** *und* **Tiere** *über die* **Sonne** *freuen. Doch was ist das? Eine dicke* **Wolke** *versperrt ihm den Weg.*

„Hey, **Wolke**!*", ruft der kleine* **Sonnenstrahl**, *„geh mir aus dem Weg! Ich kann meinen Strahl nicht auf die* **Erde** *schicken."*

„Dein Problem", brummt die **Wolke**, *„heute ist ein* **Wolke***ntag." Der* **Sonnenstrahl** *wendet sich an die* **Sonne** *und fragt: „Darf die* **Wolke** *das machen, mir den Weg versperren?" Die* **Sonne** *antwortet: „Ja, die* **Wolken** *dürfen das. Sie haben sogar das Recht, uns* **Sonnenstrahlen** *den Weg zur* **Erde** *zu versperren." Der* **Sonnenstrahl** *bleibt also am Rand der* **Sonne** *sitzen und ist sehr traurig. Heute wird er wohl nicht zur* **Erde** *kommen, um den* **Menschen** *und* **Tieren** *Freude zu bereiten. Deshalb versucht der* **Sonnenstrahl** *die* **Wolke** *zu überreden. „Wenn ich meinen* **Sonnenstrahl** *nicht zur* **Erde** *schicken kann, dann sind die* **Menschen** *und* **Tiere** *traurig." „Wenn es heute aber nicht regnet, dann haben die* **Menschen** *und* **Tiere** *bald kein Wasser mehr auf der* **Erde***", erwidert die* **Wolke**.

„Das ist aber dumm, daran habe ich gar nicht gedacht, dass die **Menschen** *und* **Tiere** *auf der* **Erde** *etwas zu trinken brauchen." Der kleine* **Sonnenstrahl** *ist ratlos und fragt: „Was machen wir da?" „Wir wechseln uns ab", meint die* **Wolke** *gelassen. „An einem halben Tag, gehört der Himmel uns* **Wolken**, *dann bist du,* **Sonnenstrahl**, *an der Reihe. So sind alle zufrieden."*

„Aber, wer von uns darf anfangen?", fragt sich der kleine **Sonnenstrahl** *und denkt nach. „Du,* **Wolke**, *hängst jetzt schon den ganzen Vormittag tief am Himmel und verdeckst mir den Weg zur* **Erde**, *deshalb bin ich jetzt dran!" „Nein, ich bleibe heute den ganzen Tag und schicke meinen Regen auf die* **Erde**! *Wir beide fangen erst morgen an", bestimmt die* **Wolke**. *„Nein, das ist gemein, ich will heute noch meinen* **Sonnenstrahl** *zu den* **Menschen** *und* **Tieren** *auf die* **Erde** *schicken", sagt der kleine* **Sonnenstrahl** *beleidigt. So geht es nun hin und her, bis sich die* **Sonne** *einmischt: „Hört jetzt auf zu streiten, ihr beiden", schimpft die* **Sonne**. *„Du,* **Wolke**, *rückst einfach etwas zur Seite, und du,* **Sonnenstrahl**, *du schickst deinen* **Sonnenstrahl** *an der* **Wolke** *vorbei auf die* **Erde**.*" Die* **Wolke** *und der* **Sonnenstrahl** *sehen sich an und murmeln zustimmend: „Ja, so könnte es gehen." Die* **Sonne** *spricht weiter: „So haben alle etwas davon. Die* **Wolke** *kann ihren Regen auf die* **Erde** *zu den* **Menschen** *und* **Tieren** *schicken. Gleichzeitig kann der* **Sonnenstrahl** *die* **Menschen** *und* **Tiere** *auf der* **Erde** *mit seinem Strahl wärmen. Und dann", fügt die* **Sonne** *noch geheimnisvoll hinzu, „wird dabei etwas ganz Besonderes passieren! Wenn du,* **Wolke**, *regnest und du,* **Sonnenstrahl**, *strahlst, dann sehen die* **Menschen** *und* **Tiere** *auf der* **Erde** *den schönsten Regenbogen und freuen sich umso mehr über euch beide."*

So machen sie es nun auch: Die **Wolke** *rückt etwas zur Seite und schickt ihren Regen und gleichzeitig schickt der Sonnenstrahl seinen Strahl zu den* **Menschen** *und* **Tieren** *auf die* **Erde**.

Und wirklich, die **Menschen** *und die* **Tiere** *auf der* **Erde** *sind begeistert. Sie freuen sich über den schönsten Regenbogen, den sie je gesehen haben.*

Regen+Sonne=Regenbogen

Versuch

Alter: ab 4 Jahren
Material: Wasser, Glas oder Wasseranschluss + Gartenschlauch mit feiner Sprühdüse
Wann: sonniger Tag

Kinder lieben den Regenbogen. Doch leider scheint selten gleichzeitig die Sonne, während es regnet.

Es ist ganz einfach, sich einen kleinen Regenbogen ins Zimmer zu holen. Die Kinder müssen lediglich bei strahlendem Sonnenschein ein Glas Wasser vor das Fenster stellen. Die Sonnenstrahlen brechen sich in dem Wasser und ein Regenbogen erscheint auf dem Glasboden.

Eine zweite Möglichkeit ist es, einen Regenbogen im Garten entstehen zu lassen. Dazu braucht es Sonnenschein und einen Gartenschlauch mit feiner Sprühdüse. Ein Kind „zaubert" den Regenbogen: Es stellt sich mit dem Rücken zur Sonne, und lässt mit dem Schlauch das Wasser im hohen Bogen in die Luft spritzen. Im feinen Wassernebel können die Kinder einen Regenbogen bewundern.

Gemeinsam betrachten die Kinder einen „selbst gemachten" Regenbogen:

- **Wie viele Regenbogenfarben gibt es eigentlich?**
  Es sind sieben Farben, die bei genauer Betrachtung zu erkennen sind.
- **Welche Farben sind zu erkennen?**
  Es sind die Farben Rot, Orange, Gelb, Grün, Hellblau, Indigo (Dunkelblau) und Violett.
  Übrigens: Diese sieben Farben, sind bei jedem Regenbogen immer in der gleichen Reihenfolge angeordnet.
- **Warum entsteht ein Regenbogen?**
  Die Sonne strahlt Licht auf die Erde. Wenn diese Sonnenstrahlen durch ein Fenster scheinen, sehen wir sie weiß. Halten wir ein Wasserglas in den Sonnenstrahl, bricht dieser „auf" und wir sehen die Farben des Regenbogens.

Kreatives Angebot

Regenbogen auf Filtertüten

Alter: ab 4 Jahren
Material: Filtertüten, Wasserfarben (Rot, Orange, Gelb, Grün, Hellblau, Dunkelblau und Violett), Becher, Wasser, Pinsel

Die Kinder malen mit den Wasserfarben auf die Filtertüten jeweils Streifen in der folgenden Reihenfolge von oben nach unten: Rot, Orange, Gelb, Grün, Hellblau, Dunkelblau und Violett.

Tipp: Je nasser der Farbauftrag, desto mehr zerlaufen die Farben zu einem bunten Regenbogen.

Kreatives Angebot + Versuch

Einen Regenbogen „haltbar" machen

Alter: ab 4 Jahren
Material: 7 verschließbare Gefäße (Glasflaschen oder Marmeladengläser o.Ä.), Gläser, Krepppapier (in den Farben Rot, Orange, Gelb, Grün, Hellblau, Dunkelblau und Violett), Wasser, evtl. Pinzette und alte Zeitung

Mit einfachen Mitteln können die Kinder einen Regenbogen „haltbar" machen. Dazu benötigen sie verschließbare Gefäße, Krepppapier in den Farben des Regenbogens und Wasser.

So wird's gemacht:

- Das Glas mit Wasser füllen.
- Ein bis zwei kleine Streifen Krepppapier einer Farbe dazugeben. Je mehr Papier ins Wasser gegeben wird, desto kräftiger die Farbe.
- Warten, bis sich das Wasser gefärbt hat, und das Krepppapier wieder entfernen. Beim Entfernen das Krepppapier nicht anfassen, die Farbe bleibt an den Händen!
- Das Glas gut verschließen.
- Auf diese Weise alle Farben des Regenbogens herstellen.
- Die Kinder ordnen die Gläser/Flaschen in der Reihenfolge der Regenbogenfarben vor dem Fenster an.

Das passiert:
Scheint die Sonne durch die Gläser/Flaschen, zeigt sich ein wunderschöner Regenbogen auf dem Boden.

Hinweis:
Werden Flaschen verwendet, das Wasser in einem Messbecher färben und anschließend in die Flaschen füllen.

Regenbogen als Raumdekoration

Kreatives Angebot

Alter: ab 2,5 Jahren
Material: Pappteller, gelbe Fingerfarbe, Krepppapier in 7 Farben (rot, orange, gelb, grün, hellblau, dunkelblau, violett), Tonkarton (blau, gelb)

So wird's gemacht:

- Einen Pappteller halbieren. Die Kinder bemalen den halben Teller mit der gelben Fingerfarbe.
- Nach dem Trocknen aus dem gelben Tonkarton 6–8 Streifen schneiden (ca. 10 x 1 cm).
- Diese Streifen als Sonnenstrahlen an der Rundung des Tellers ankleben.
- Von jeder Farbe des Krepppapiers zwei Zentimeter dicke Streifen schneiden. Dabei kann die Länge variieren.
- An der geraden Schnittkante des Tellers die Krepppapierstreifen in der Reihenfolge der Regenbogenfarben ankleben.
- Der Sonne noch ein Gesicht malen.
- Aus dem dunkelblauen Tonkarton eine Wolke schneiden.
- Diese Wolke so am Pappteller ankleben, dass sie nur zur Hälfte zu sehen ist.
- Aus hellblauem Tonkarton einige Wassertropfen ausschneiden und auf die Wolke kleben.

Versuch

Wie entsteht ein Sommergewitter?

Alter: ab 4 Jahren
Material: Bild von einem Gewitter, 1 Kochtopf mit Deckel, Wasser und 1 Herdplatte, Luftballons, Wollpullover, Konfetti

Bei einem Gewitter verdunkelt sich der Himmel, schwarze Wolken ziehen auf und es bläst ein starker Wind. Dann fängt es an zu regnen – der Donner grollt und die Blitze zucken am Himmel. Der ohrenbetäubende Donner und die hellen Blitze können Kindern Angst einjagen. Das folgende Angebot möchte den Kindern diese Angst etwas nehmen.

Kommen Sie mit den Kindern zu einem Sitzkreis zusammen und betrachten gemeinsam das Bild des Gewitters. Dabei beschreiben die Kinder, was auf dem Bild zu erkennen ist. Es ist ein Gewitter, dunkle Wolken sind zu sehen, ein Blitz, vielleicht auch Regen. Was nicht auf dem Bild zu sehen ist, das ist der Donner, der dem Blitz folgt. Die Frage nach der Bildbetrachtung lautet:

Wie entsteht ein Sommergewitter?
Voraussetzung für ein Gewitter ist feuchte und warme Luft am Boden. Dies tritt am häufigsten im Sommer auf. Man sagt dann auch, es ist schwül oder drückend. Diese feuchte Luft entsteht, wenn die Sonne durch ihre Wärme Wasser verdunsten lässt.

Verdeutlichen Sie den Kindern diesen Vorgang mit einem Topf, in dem Sie etwas Wasser kochen. Wird das Wasser heiß, steigt Dampf auf. Hält man einen Topfdeckel über den Dampf, kühlt sich dieser ab und feine Wassertropfen bleiben am Deckel zurück.

Genauso geschieht es in der Natur: Die feuchte Luft steigt auf, kühlt sich ab und es bilden sich kleinste Wassertropfen, die als Wolke sichtbar werden.

Je weiter eine Wolke hoch in den Himmel steigt, desto kälter wird es und die Wassertropfen gefrieren zu kleinen Eiskügelchen. Wenn immer mehr feuchte Luft nach oben steigt, sammeln sich irgendwann dunkle, dicke Wolken am Himmel – die Gewitterwolken.

In einer Wolke sind nicht alle Eiskügelchen gleich groß, es gibt kleine und große. Die großen Eiskügelchen sind oben und die kleinen unten.

Da von unten immer mehr Wasserdampf nachdrückt, der auch gefriert, steigen die kleinen Eiskügelchen immer weiter nach oben. Die großen Eiskügelchen oben verbinden sich mit den kleineren. Dadurch werden sie immer schwerer und sinken wieder nach unten. Bei dem ständigen Auf und Ab der kleinen und großen Eiskügelchen herrscht in einer Wolke irgendwann ein großes Durcheinander. Die Eiskügelchen haben immer weniger Platz. Sie berühren sich und reiben aneinander. Diese Enge der Eiskügelchen führt dann zu Spannungen, man sagt auch elektrische Ladungen.

Verdeutlichen Sie den Kindern das mit einem Luftballon, den Sie an einem Wollpullover reiben und anschließend über Konfetti oder die Haare halten.

Die Eiskügelchen versuchen, diese Spannungen wieder loszuwerden, wie der Luftballon, der das Konfetti anzieht. Hierbei will er die Spannung, die der Wollpullover verursacht hat, an das Konfetti abgeben. Bei den Eiskügelchen geschieht dies als Blitz und Donner sichtbar und hörbar.

Die Eiskügelchen werden dabei auseinander gesprengt und einige fallen zur Erde. Auf ihrem Weg dorthin wird es wieder wärmer, die kleinen Eiskügelchen schmelzen und auf der Erde beginnt es zu regnen. Größere Eiskugeln kommen als Hagelkörner auf der Erde an.

Informationen

Verhaltensregeln bei einem Gewitter

Freibäder oder Seen verlassen, da das Wasser den Strom des Blitzes leitet.

Nicht unter einem Baum Schutz suchen, da Blitze meist in erhöhte Punkte einschlagen.

Wer sich auf einer freien Fläche (z. B. einem Feld) befindet, hockt sich hin, stellt die Füße eng beieinander und umschlingt mit den Armen die Beine.

Sicher ist, wer sich in einem Auto oder Zug aufhält, da das Metall um einen herum Blitze ableitet.

Am sichersten ist, wer sich in einem Haus mit Blitzableiter befindet.

Kreatives Angebot

Eine Gewitterwolke

Alter: Ab 3,5 Jahren
Material: Tonkarton (weiß, gelb), Bleistift, Füllwatte, schwarze Wasserfarbe, Pinsel, Schere und Kleber

Die Kinder schneiden aus dem weißen Tonkarton frei eine Wolke aus. Die Wolke bekleben sie mit der weißen Füllwatte. Sie verdünnen die schwarze Wasserfarbe mit viel Wasser. Mit der Farbe und einem Pinsel betupfen sie die Watte an unterschiedlichen Stellen. Dadurch verläuft die Farbe auf der Füllwatte und die Wolke bekommt einen grauschwarzen Effekt.

Aus dem gelben Tonkarton schneiden die Kinder einen oder mehrere Blitze aus. Nach dem Trocknen der Farbe kleben sie die Blitze an die Wolke.

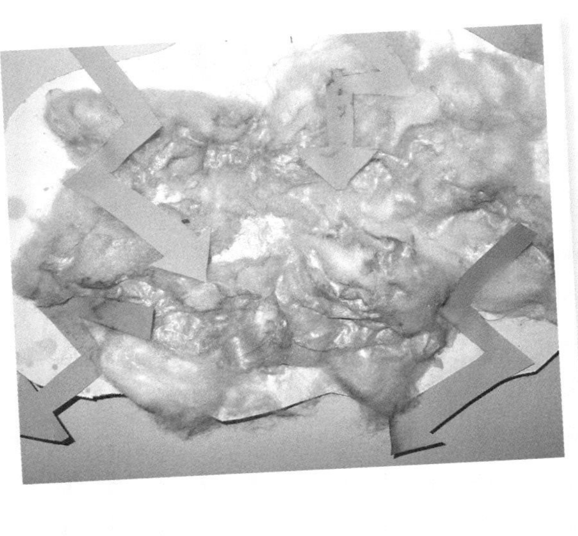

Das Gewitter

Legegeschichte mit Instrumenten

Alter: ab 3 Jahren
Material: Wasserfarben (grün, blau), Tonpapier (gelb, blau, dunkelgrau), Tonpapierreste, Schere, Plakat, Triangel, Gong, Handtrommel, 2 Paar Klangstäbe

Bei dieser Beschäftigung entsteht das Gewitter im Zusammenspiel von Orchester und Dirigent.

Es gibt ein Stück, das zu spielen ist. Der Dirigent gibt anhand einer Legegeschichte, den Musikern ihren Einsatz vor.

Vorbereitung:
Gestalten Sie mit den Kindern gemeinsam das Lege-Bild:
- Ein Plakat zur Hälfte blau und die andere Hälfte grün bemalen.
- Wenn die Kinder möchten, können sie Blumen aus Tonpapierresten basteln und in das Grün kleben.
- Aus dem gelben Tonkarton eine Sonne ausschneiden und diese am Rand des Plakates aufkleben.
- Drei bis vier Regenwolken aus dem dunkelgrauen Tonkarton schneiden und ca. 20 dunkelblaue Regentropfen gestalten. Drei bis vier gelbe Blitze ausschneiden. Diese Dinge werden nicht aufgeklebt, sie sind das Legematerial.

Die Kinder setzen sich in einem Halbkreis um das Plakat. Sie erzählen die Geschichte und legen passend die Wolken, Blitze und Wassertropfen auf das Blatt – dabei kommen noch keine Instrumente zum Einsatz.

Erklären Sie nun den Kindern, dass sie heute ein Orchester sind, das Bild ihr Notenblatt und der Dirigent legt die Bilder. Anschließend holen Sie die Instrumente und gemeinsam mit den Kindern erarbeiten Sie, was in der Gewittergeschichte vertont werden kann und welches Instrument dazu zum Einsatz kommt.

Verteilen Sie die Rollen und lassen Sie die Kinder ihr Instrument ausprobieren.
- Dirigent – legt die Geschichte
- Triangel – Sonne
- 2 x Klangstäbe – Regen
- Gong – Blitz
- Donner – Handtrommel

Beginnen Sie nun die Geschichte ein zweites Mal zu erzählen. Der Dirigent legt die Bilder und das Orchester spielt dazu. Wenn nötig können Sie noch Hilfestellungen geben.

Anschließend können die Rollen wechseln und die Kinder sollen das „Gewitter" auch mal ohne Geschichte, nur anhand des Lege-Bildes spielen.

Heute ist ein wunderschöner Tag, die Sonne scheint.

Triangel anschlagen

Doch ein plötzlicher Wind bläst dunkle Wolken vor die Sonne.

Alle Kinder pusten + Triangel anschlagen

Dirigent: Über die Sonne eine dunkle Wolke legen und weitere dunkle Wolken am Himmel verteilen.

Kleine leichte Regentropfen fallen vom Himmel auf die Erde herab.

Ganz leicht mit den Klangstäben klopfen (nicht mehr aufhören zu klopfen)

Dirigent: 3 Regentropfen aufs Bild legen

Auf einmal ist ein greller Blitz zu sehen.

Gong schlagen

Dirigent: Einen Blitz aufs Bild legen

Kurze Zeit später donnert es ganz leise.

Leichter Schlag auf die Handtrommel

Der Regen wird immer kräftiger

Klanghölzer schneller schlagen

Dirigent: Mehr Regentropfen auf dem Bild verteilen

Die Blitze werden immer mehr, es donnert immer lauter und der Regen fällt immer dichter.

Der Gong, die Trommeln und die Klangstäbe spielen gleichzeitig sehr laut und kräftig

Dirigent: Noch mehr Blitze und Regentropfen auf dem Bild verteilen

Das Gewitter ist da!

Das Gewitter löst sich in umgekehrter Reihenfolge wieder auf:

Die Blitze werden weniger, es donnert leiser und der Regen wird weniger.

Die Instrumente werden leiser und langsamer

Dirigent: Die Blitze bis auf einen und einige Regentropfen vom Bild entfernen

Es blitzt noch einmal.

Gong schlagen

Dirigent: Letzten Blitz vom Bild entfernen

Und es donnert ein letztes Mal.

Schlag auf die Handtrommel

Der Regen hört auf.

Die Klangstäbe hören auf zu schlagen

Dirigent: alle Tropfen vom Bild entfernen

Die dunklen Wolken werden vom Wind weggeblasen.

Alle Kinder pusten

Dirigent: alle Wolken vom Bild entfernen

Die Sonne ist wieder da!

Triangel anschlagen

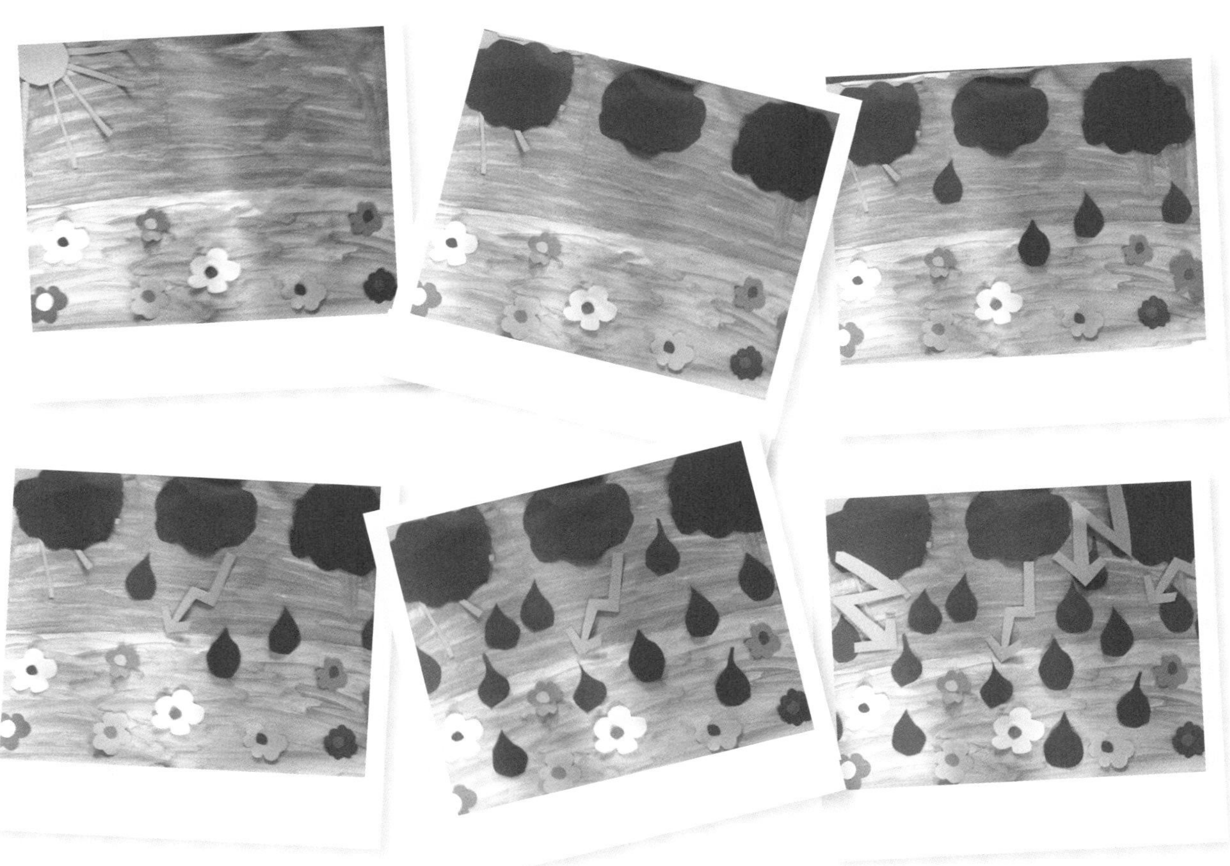

Wörter mit „Sonne"

Spracherziehung

Bei diesem Angebot wird die Sprache gezielt gefördert. Dabei kommen Bildkarten zum Einsatz, diese erweitern spielerisch und kindgemäß die sprachlichen Ausdrucksmöglichkeiten und trainieren zugleich auch die visuelle Wahrnehmung.

Alter: ab 4 Jahren
Material: Bildkarten (Kopiervorlage 2, S. 101)

Die Karten bieten abwechslungsreiche Spielmöglichkeiten, lassen sich individuell einsetzen und regen die Kinder auch zum selbstständigen Lernen an. Die Vorlage der Karten kopieren und auf einen festen Karton kleben. Damit die Karten eine längere Zeit zum Einsatz kommen können, sollten sie laminiert werden.

Aus den Bildkarten können die unterschiedlichsten Spiele entstehen:

- Alle Karten aufgedeckt auf den Tisch legen. Die Kinder bilden daraus neue Wörter. Dabei auf die Sprache achten – aus Sonne und Schirm wird Sonnenschirm
- Die zusammengesetzten Sonnenwörter auf einen Stapel legen. Die Sonnenkarten und einzelnen Wortbilder auf dem Tisch verteilen. Die Kinder ziehen vom Stapel ein Sonnenwort und suchen sich die passenden Wortkarten – „Ich habe das Wort Sonnenschirm, das bildet sich aus Sonne und Schirm."
- Die fertigen Sonnenwörter und die Bildkarten, die keine Sonne zeigen, verdeckt auf den Tisch legen. „Was passt zusammen?" heißt das Spiel und wird wie Memory gespielt. – Die Kinder ziehen einen Sonnenschirm und sollen die passende Schirm-Karte dazu finden.

Wörter mit Sonne:
Sonnenschirm
Sonnenmilch
Sonnenhut
Sonnenbrille
Sonnenblume
Sonnenuhr

Wasser: sprudeln, tropfen, spritzen

Wasser ist nicht nur Erwachsenen allgegenwärtig, auch Kinder kennen Wasser von klein auf. Wasser trinken wir, wir waschen und duschen uns damit, gießen die Blumen, kochen oder putzen mit Wasser.

Wasser fällt als Regen auf uns herab, es rauscht im Meer, plätschert in Bächen, Flüssen und Seen. Wasser ist so selbstverständlich, dass sich kaum jemand Gedanken darüber macht.

Wir nutzen und verbrauchen jeden Tag viele Liter davon. Ein Mensch besteht zu zweidrittel aus Wasser und kann ohne Wasser nicht leben. Im menschlichen Körper ist Wasser Transportmittel und sorgt dafür, dass Stoffe zu den Zellen gebracht werden, die diese für Atmung, Wachstum oder Bewegung benötigen. Wasser dient als Klimaanlage und reguliert unsere Körpertemperatur, indem zwei Millionen Schweißdrüsen in unserer Haut Wasser verdunsten lassen und den Körper so vor Überhitzung schützen.

Wasser ist überall

Brainstorming

Alter: ab 3 Jahren
Material: Plakat, Stifte, Zeitschriften, Schere, Kleber, Plastiktüte, Bindfaden

Kommen Sie mit den Kindern zu einem Sitzkreis zusammen. Zum Einstieg in das Thema „Wasser" denken Sie gemeinsam mit den Kindern darüber nach, wo uns Wasser im Alltag überall begegnet. Dabei lenken Sie die Aufmerksamkeit der Kinder auf die verschiedenen Wasservorkommen oder darauf, wie sie das Wasser nutzen. Helfen Sie den Kindern, indem Sie gezielt Fragen stellen:

- Mit was waschen wir unsere Hände?
- Wie kochen wir Nudeln?
- Wie waschen wir Geschirr?
- Was trinken Tiere und Pflanzen?
- Wie waschen wir Wäsche?
- Wo können wir Wasser finden oder sehen?

Besprechen Sie gemeinsam, dass auch unser Körper sehr viel Wasser enthält. Das können wir beispielsweise daran erkennen, dass wir schwitzen. Die Kinder überlegen miteinander, wann und woran sie erkennen, dass jemand schwitzt.

Um den Schweiß aufzufangen und sichtbar zu machen, stülpt sich jedes Kind eine kleine Plastiktüte über seine Hand. Die Tüte festbinden, so dass sie nicht verrutschen kann. Wie fühlt sich die Hand nach einiger Zeit an? Die Kinder können nach dem Abstreifen Wasser (Schweiß) in der Tüte und an der Hand erkennen.

Aus Zeitschriften schneiden die Kinder Dinge aus, die mit Wasser zu tun haben und gestalten daraus eine Collage.

Versuch

Wasser mit allen Sinnen erleben und erfahren

Alter: ab 2,5 Jahre
Material: Wanne, Wasser, Glas, Handtücher, Sprudelwasser, Trinkbecher

Ganzheitliches Erleben ist wichtig und bereitet mit Wasser besonders viel Freude. Mit der natürlichen Begeisterung für das Element Wasser fördern Sie die Entwicklung der Kinder und vor allem die gleichmäßige Ausbildung der Sinne.

Füllen Sie in eine Wanne Wasser. Kommen Sie mit den Kindern zu einem Sitzkreis zusammen und stellen Sie die Wanne mit Wasser in die Mitte.

Fühlen:
Alle Kinder greifen mit einer Hand in das Wasser.

Wie fühlt sich das Wasser an? Das Wasser ist nass, aber fühlt sich nass immer gleich an? Stellen Sie mit den Kindern Vermutungen an.

Gibt es Unterschiede zwischen warmem und kaltem Wasser oder Leitungswasser und Sprudelwasser?

Sehen:
Wie sieht das Wasser aus? Es ist klar, durchsichtig.

Gibt es auch anderes Wasser?

Kann Wasser trüb, grün oder blau sein?

Hören:
Wie höre ich Wasser? Ein Glas mit Wasser füllen und langsam zurück in die Wanne gießen. Wie hört es sich an? Gibt es Unterschiede?

Wasser kann rauschen tröpfeln, gluckern, plätschern.

Riechen:
Alle Kinder riechen am Wasser, wie riecht es? Das Wasser in der Wanne riecht nach nichts.

Gibt es Wasser, das wir riechen können? Das Meer und abgestandenes Wasser können wir riechen.

Schmecken:
Wie schmeckt uns Wasser? Es erfrischt uns und es löscht unseren Durst. Es kann auch anders schmecken, z. B. salzig wie das Meerwasser. Die Kinder probieren Leitungswasser und Sprudelwasser.

Was sinkt – was schwimmt

Versuch

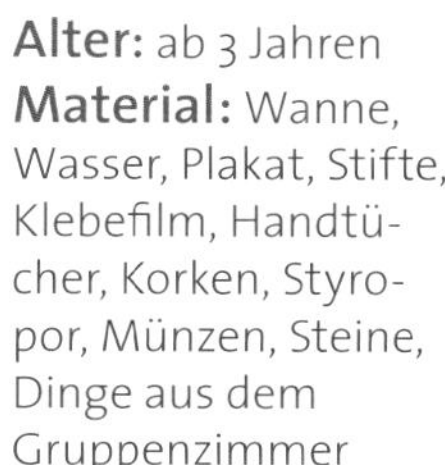

Alter: ab 3 Jahren
Material: Wanne, Wasser, Plakat, Stifte, Klebefilm, Handtücher, Korken, Styropor, Münzen, Steine, Dinge aus dem Gruppenzimmer

Füllen Sie die Wanne mit Wasser. Die Kinder versammeln sich um die Wanne und erhalten die Aufgabe im Zimmer jeweils einen Gegenstand zu suchen, der schwimmt, und einen, der sinkt. Legen Sie eine bestimmte Größe der Gegenstände fest.

Sind alle Kinder wieder versammelt, stellen sie ihre Gegenstände vor und probieren nacheinander aus, ob die Gegenstände wirklich schwimmen oder untergehen, wie sie vermuten.

Sortieren Sie die Gegenstände in zwei Gruppen. Dabei sollen die Kinder nicht enttäuscht sein, wenn sie mit einem Gegenstand falsch liegen.

Ergänzen Sie die Auswahl der Gegenstände durch weitere Dinge wie Steine, Kork, Styropor, Münzen.

Wählen Sie auch zwei gleiche Gegenstände in unterschiedlicher Größe aus, z. B. einen großen und einen kleinen Stein.

Die Kinder sollen zuerst eine Vermutung aufstellen, bevor der Gegenstand ins Wasser kommt. Wie unterscheiden sich die Schwimmer von den Nichtschwimmern? Zu welchen Ergebnissen gelangen die Kinder?

Es ist nicht immer einfach vorherzusagen, ob etwas schwimmt oder nicht. Dinge, die schwimmen, sind oft eher groß oder leicht. Dinge, die untergehen, sind oft klein oder schwer. Es hängt viel vom Material ab, wie sich ein Gegenstand im Wasser verhält. Die Farbe hat keinen Einfluss darauf, ob etwas schwimmt oder sinkt. Gemeinsam werden alle Dinge mit Klebefilm auf einem Plakat mit zwei Spalten – schwimmt oder geht unter – fixiert.

Versuch Die Knetkugel schwimmt

Alter: ab 4 Jahren
Material: Knete, Wanne, Wasser

Wenn Sie das Thema „Schwimmen und Sinken" mit den Kindern behandeln, ist die Knetkugel der Klassiker!

Die Kinder formen aus Knete zwei gleiche Kugeln. Wenn alle Kinder der Meinung sind, dass die Kugeln gleich groß sind, dürfen sie eine Kugel ins Wasser geben. Was passiert? Die Kugel sinkt.

Frage an die Kinder: „Was können wir tun, damit die Knete schwimmen kann?" Gemeinsam suchen alle nach einer Lösung und probieren ihre Ideen dazu auch aus. Vielleicht ist die Lösung, ein Boot zu formen, mit dabei.

Das geformte Boot geben Sie ins Wasser. Die Knete schwimmt jetzt!

Ergebnis: Die Knetkugel geht unter, das Knetboot schwimmt auf dem Wasser. Es zeigt sich, dass das Gewicht offensichtlich nicht die Ursache für Schwimmen und Sinken sein kann.

Erklärung:
Knete hat eine höhere Dichte als Wasser und geht deswegen als kompakte Knetkugel unter. Das Boot geht nicht unter, weil das Knetboot größer ist als die Kugel und innen hohl. Das bedeutet, dass leichte Luft dazugekommen ist.

Deshalb hat das mit Luft gefüllte Knetboot plötzlich eine geringere Dichte als Wasser.

Übrigens, wenn die Kinder das Knetboot mit Wasser füllen, wird die leichte Luft verdrängt und das Knetboot geht unter.

Tipp: Das identische Gewicht könnten die Kinder im Vorfeld noch mit einer Waage überprüfen!

Schwimmhilfen

Versuch

Alter: ab 4 Jahren
Material: große Wanne oder Planschbecken mit Wasser, Schwimmflügel, Luftballon, kleiner Eimer, Trinkhalme, Plastikflasche, Steine

Die Kinder lieben es, ins Schwimmbad zu gehen. Wer noch nicht schwimmen kann, trägt meistens noch Schwimmhilfen oder Schwimmflügel. Warum sind diese nützlich und wie funktionieren sie?

Füllen Sie die Wanne mit Wasser und versammeln sich mit den Kindern um diese. Besprechen Sie mit den Kindern, dass es im Wasser eine Kraft gibt, die nach oben drückt. Lassen Sie die Kinder diese Kraft spüren:

Die Kinder drücken den kleinen leeren Eimer von oben ins Wasser.

Das Gleiche versuchen sie noch mit einem aufgeblasenen Luftballon.

Die Kinder spüren, dass es sehr schwer ist, die beiden Dinge unter Wasser zu drücken.

Die Kinder nehmen eine Flasche, füllen diese bis oben mit Wasser und schrauben den Deckel zu. Legen sie die Flasche in die Wanne, sinkt die Flasche.

Schütten sie das Wasser aus der Flasche und schließen sie die leere Flasche, dann schwimmt sie im Wasser. Die Flasche kann also wegen der leichteren Luft in ihrem Inneren auf dem Wasser schwimmen, genauer: weil ihr Körper leichter ist als eine vergleichbar große Menge Wasser. Verdrängt man die Luft durch etwas Schwereres, wie z. B. Wasser, sinkt die Flasche. Das kommt daher, weil das Wasser in der Flasche jetzt genauso schwer ist wie das Wasser um sie herum – und das Gewicht die Flasche herabzieht.

Zur besseren Verdeutlichung, füllen die Kinder Steine oder Sand in die Flasche. Auch hier sinkt die Flasche.

Erklärung:
Das Gewicht eines Gegenstands wird durch die Erdanziehung „erzeugt". Im Wasser wird die Erdanziehung jedoch durch den Auftrieb (etwas) ausgeglichen. Der Auftrieb ist eine Kraft, die entgegen der Schwerkraft wirkt. Die Dinge werden um so viel „leichter", wie sie an Wasser verdrängen. Verdrängt ein Körper z. B. zehn Liter Wasser, wird er gefühlt zehn Kilogramm leichter.

Geschichte +
Kreatives Angebot

Der kleine Wassertropfen

Alter: ab 3 Jahren
Material: weißes Papier, Buntstifte, blaues Tonpapier

Es war einmal ein kleiner Wassertropfen, der schwamm an der Oberfläche eines großen Sees. Wenn der Wind über den See fegte, ging es hoch her. Dann wurde der kleine Wassertropfen heftig auf und ab durchgewirbelt. Aber wenn der See ruhig war, dann erfreute sich der kleine Wassertropfen daran, was er am Ufer seines Sees sehen konnte: eine wunderschöne Wiese mit bunten Blumen. Gerne hätte sich der kleine Wassertropfen die bunte Farbenpracht genauer angesehen, doch das war ja nicht möglich, er musste im Wasser bleiben.

Da setzte sich eines Tages ein Luftbläschen auf der Oberfläche des Sees ab und der Wassertropfen begrüßte es freudig. „Hallo, ich bin ein Wassertropfen und wer bist du?" „Ich heiße Lüftchen und bin eine Luftblase." Der Wassertropfen war sehr neugierig und fragte Lüftchen: „Wo kommst du her? Hast du die bunten Blumen schon einmal von Nahem gesehen?" „Klar! Ich schwebe doch jeden Tag über das Land und kann mir alles genau ansehen. Aber heute will ich die Tiefe deines Sees erkunden. Ich will abtauchen und mir auch unter Wasser alles genau ansehen." „Die Tiefe des Sees habe ich schon gesehen. Doch die Wiese mit ihrer bunten Farbenpracht kann ich immer nur aus der Ferne sehen, leider kann ich das Wasser nicht verlassen", erzählte der kleine Wassertropfen traurig.

Das tut mir wirklich leid, doch jetzt möchte ich gerne abtauchen", sprach Lüftchen und verschwand im Wasser. Doch schwups tauchte Lüftchen wieder auf. „Ich versuche es gleich noch einmal mit Anlauf!", rief es laut. Die Luftblase hob sich etwas vom Wasser ab und tauchte mit Schwung ins Wasser. Doch so schnell, wie sie eingetaucht war, war sie auch wieder da.

Lüftchen versuchte es immer und immer wieder, bis es ganz erschöpft auf der Wasseroberfläche saß. „Das funktioniert wohl nicht, dass du dir die Tiefe des Sees anschauen kannst?", stellte das Wassertröpfchen fest. „Da geht es dir doch gleich wie mir. Ich kann auch nicht aus meinem Wasser und durch die Luft schweben." Das sah jetzt auch das Luftbläschen ein und sagte: „Beschreib du mir doch, was du in der Tiefe des Sees sehen kannst, dass ich mir ein Bild machen kann. Danach beschreibe ich dir die bunte Farbenpracht der Blumen. Dann haben wir beide etwas davon."

Diese Idee gefiel dem kleinen Wassertropfen ausgesprochen gut. Sofort fing er an von der Tiefe des Sees zu erzählen und Lüftchen erzählte ihm von der Welt außerhalb des Wassers. So sitzt das Lüftchen auf der Oberfläche des Sees und ein Wassertropfen schwimmt an der Oberfläche und sie beschreiben sich ihre unterschiedlichen Welten, die sie leider beide nicht von alleine besuchen können.

Die Kinder malen einen See und basteln aus blauem Tonpapier einen Wassertropfen. Aus weißem Papier schneiden sie eine Luftblase. Den Wassertropfen kleben sie ins Wasser und die Luftblase an die Oberfläche des Sees. Wer möchte, kann um den See noch viele bunte Blumen malen.

Im Schwimmbad

Erlebnisturnen

Alter: ab 3 Jahren
Material: Kasten, Matten, Sprossenwand, Rutschbahn, Schwungtuch für jedes Kind 1 Luftballon

Versammeln Sie sich mit den Kindern zu einem Sitzkreis und beginnen Sie mit dem Satz: „Heute wollen wir ein Schwimmbad besuchen."

Klären Sie mit den Kindern den Begriff Schwimmbad und was man für einen Schwimmbadbesuch alles braucht: Badesachen, Sonnencreme, Handtuch, etwas zu Trinken und zu Essen ...

Alle Sachen, die wir gerade genannt haben, packen wir in unseren Rucksack. Fertig? Dann geht's jetzt los, auf ins Schwimmbad! Beeilt euch, wir müssen schnell zur Bushaltestelle, damit wir den Bus nicht verpassen.

Die Kinder laufen und rennen durch den Raum.

Geschafft! Der Bus steht schon da. Also, nichts wie rein und hinsetzen.

Die Kinder setzen sich auf den Boden.

Huch, der Bus fährt direkt los! Und wie schnell der in die Kurven geht!

Die Kinder wiegen sich nach rechts und links.

Sie bauen verschiedene Bewegungsarten mit ein, wie: Der Bus fährt über eine Bodenwelle – kleine Hüpfer machen. Der Bus fährt bergauf – nach hinten lehnen. Er fährt abwärts – nach vorne lehnen ...

Wir sind da! Aussteigen und ans Kassenhäuschen, die Karte kaufen und dann suchen wir uns einen schönen Platz.

Die Kinder laufen durch den Raum.

Das Handtuch ausbreiten. Wir müssen uns noch mit Sonnencreme einreiben: Gesicht, Schultern, Hände, Arme, Füße, Beine, Bauch und Rücken.

Die Kinder cremen sich ein, dabei ein paar Verrenkungen machen lassen.

Zuerst gehen wir ins Schwimmbecken, eine Runde Brustschwimmen, eine Runde Kraulen und eine Runde Rückenschwimmen.

Die Kinder führen die Bewegungen nacheinander aus.

Jetzt geht's zum Sprungbecken.

Die Kinder steigen auf den Kasten und hüpfen zur Matte herunter.

Kommt, wir sehen nach, ob im Rutschbecken viel los ist.

Die Kinder klettern die Sprossenwand hoch und rutschen an der eingehängten Rutschbahn herunter.

Kommt schnell, im Wellenbad machen sie gerade die größten Wellen.

Die Kinder halten das Schwungtuch und immer ein Kind legt sich hinein. Die anderen machen „Wellen".

Jetzt gehen wir zurück auf unser Handtuch und essen und trinken etwas.

Kinder setzen sich und spielen Essen.

Was haltet ihr von einer Runde Wasserball?

Jedes Kind bekommt einen Luftballon und darf damit spielen.

Lassen Sie die Kinder mit dem Luftballon eine Weile spielen und beenden Sie diese Bewegungseinheit.

Der Tag im Schwimmbad ist beendet!

Versuch Wasser im Ballon

Alter: ab 4 Jahren
Material: 3 Luftballons, Wasser, Wanne, Messbecher, Malpapier, Stifte

Um das Thema Auftrieb noch weiter zu vertiefen, geht es weiter mit Wasser in einem Luftballon.

Die Kinder haben im Versuch „Schwimmhilfen“ schon festgestellt, dass Luft leichter als Wasser ist.

Greifen Sie den vorangegangenen Versuch auf und bereiten Sie das Angebot wie folgt vor:

Einen Luftballon mit 1 l Wasser füllen und zuknoten.

In den zweiten Ballon 500 ml Wasser füllen und noch so viel Luft hinein pusten, dass er etwa die gleiche Größe wie der erste Ballon hat.

Den dritten Luftballon nur mit Luft auf die Größe der anderen beiden aufpusten.

Lassen Sie die Ballons in einer großen Wanne mit Wasser schwimmen.

Was passiert?
Die Luftballons tauchen unterschiedlich tief ins Wasser ein.

Die Kinder sehen noch einmal anschaulich, dass alles, was leichter ist als Wasser, schwimmt. Und Luft ist leichter als Wasser.

Die Kinder malen diesen Versuch auf ein Malpapier.

Wasserdruck

Versuch

Alter: ab 4 Jahren
Material: 1 leere PET-Flasche mit Deckel, 3 Reißnägel, Wasser, evtl. Gießkanne und Trichter

So wird's gemacht:
Die Kinder füllen die Flasche bis zum oberen Rand mit Wasser und schrauben den Deckel auf die Flasche. Anschließend drücken sie die drei Reißnägel in unterschiedlicher Höhe in die Flasche und lassen sie dort stecken. Möglichst gleichzeitig ziehen sie alle drei Reißnägel wieder aus der Flaschenwand.

Was passiert?
Sofort spritzt Wasser aus allen drei Löchern. Doch der Strahl ist unterschiedlich an den verschiedenen Löchern. Je weiter unten sich das Loch befindet, desto weiter und stärker spritzt das Wasser. Aus einem Loch sehr weit oben tröpfelt nur ein bisschen Wasser.

Erklärung:
Dieses Experiment zeigt sehr schön, dass der Wasserdruck mit zunehmender Tiefe steigt. Je mehr Wasserteilchen übereinander sind, desto größer ist der Druck. Weil das Wasser seitlich wegspritzt, können Kinder hier auch erkennen, dass der Wasserdruck nicht nur nach unten wirkt. Im Gegenteil: Der Wasserdruck wirkt gleich stark in alle Richtungen.

Tipp:
Wird der Deckel abgeschraubt, dann spritzt das Wasser fast noch besser, weil der Wasser-/Luftaustausch besser stattfinden kann. Die Kinder können bei abgeschraubtem Deckel mit Trichter und Gießkanne immer wieder Wasser nachfüllen.

Versuch Oberflächenspannung

Alter: ab 4 Jahren
Material: Trinkglas, Wasser, Münzen, Pipette, Spiegel, Lupe

Wie bei allen Flüssigkeiten bildet auch die Oberfläche von Wasser eine Art elastische Haut, die sogenannte „Wasserhaut". Unter „Oberfläche" versteht man dabei die Grenze vom Wasser zur Luft.

Versuch 1

- Ein randvoll mit Wasser gefülltes Wasserglas steht in der Mitte. Stellen Sie den Kindern folgende Frage: Was passiert, wenn wir eine Münze vorsichtig in das volle Glas gleiten lassen?
- Wird das Wasser überlaufen? – Nichts passiert!
- Was passiert mit dem Wasser nach drei Münzen? Das Wasser wölbt sich über den Rand hinaus. Es hat sich ein Wasserberg gebildet. Das Wasser überragt also die obere Kante des Glases.

Dieser „Berg" wird allerdings nicht beliebig hoch. Wenn noch mehr Münzen ins Wasser kommen, läuft das Wasser doch über.

Erklärung:
Alle Münzen, die die Kinder ins Wasser gegeben haben, sind gesunken. Das Sinken hat dazu geführt, dass das Wasser verdrängt wurde und der Wasserstand gestiegen ist.

Die Wasserteilchen an der Oberfläche, der Grenze zur Luft, drängten zu anderen Wasserteilchen nach unten oder neben ihnen. Diese Kraft nach unten und zur Seite ist es, die den Berg zusammenhält. Irgendwann reicht diese Kraft dann aber nicht mehr aus, das Wasser läuft über.

Versuch 2

Die Kinder nehmen mit einer Pipette etwas Wasser auf und setzen einen Tropfen Wasser auf den Spiegel. Diesen Tropfen betrachten sie unter der Lupe: Der Wassertropfen ist gewölbt und sieht aus wie ein kleiner Berg.

Wasser spritzt

Versuch

Alter: ab 4 Jahren
Material: Wanne, Wasser, kleiner Stein, Knete, Malblätter, Stifte

Diese Beschäftigung ist eine sehr nasse Angelegenheit und sollte deshalb im Außenbereich stattfinden.

Kommen Sie mit den Kindern zu einem Sitzkreis zusammen und stellen Sie die Wanne mit Wasser in die Mitte.

Leiten Sie die Beschäftigung mit Fragen an die Kinder ein: „Wem ist schon einmal etwas ins Wasser gefallen? Was ist dann passiert?

Werfen Sie einen kleinen Stein in die Wanne.

Es spritzt – manchmal so stark und weit, dass die Kinder drum herum die Spritzer spüren können.

Lassen Sie die Kinder aus dem Gruppenzimmer einen Gegenstand holen und legen Sie dabei eine entsprechende Größe fest, z. B. wie ein Tischtennisball. Haben sich wieder alle um die Wanne versammelt, dürfen die Kinder zunächst alle ihren Gegenstand ausprobieren. Welcher spritzt besonders stark und welcher fast gar nicht?

Sammeln Sie mit den Kindern Ideen, woran das liegen könnte. Hat es etwas mit der Größe zu tun? Aus der Knete werden vier unterschiedlich große Kugeln geformt. Die Kinder werfen die Kugeln nacheinander in einem festgelegten Abstand ins Wasser. Welche Unterschiede werden festgestellt?

Die Kinder dokumentieren ihre Ergebnisse. Dazu malen sie für jede Knetkugel ein Bild mit Wanne, Wasser und der Kugel im Wasser und dazu die entstandenen Spritzer. Sie stellen fest: Je größer die Knetkugel ist, desto mehr spritzt es!

Anschließend experimentieren die Kinder mit einer Knetkugel und unterschiedlichen Fallhöhen: Die Kinder rollen die Knetkugeln von einem Stuhl oder bauen aus Bauklötzen einen „Sprungturm“ auf dem Stuhl.

Versuch

Warum macht Seife Schaum?

Alter: ab 3 Jahren-
Material: Spülmittel, Wasser, Zucker, 2 Gläser, Trinkhalm, Handtuch, für jedes Kind 1 flaches Gefäß und 1Trinkhalm

Wasser und Seife – in Form von Handseife oder auch Spülmittel – machen zusammen Schaum. Vom Händewaschen und wahrscheinlich aus der Badewanne kennen das alle Kinder. Es ist sehr schön, mit Kindern bewusst Schaum herzustellen und dabei den direkten Vergleich mit reinem Wasser zu haben.

Die Kinder füllen beide Gläser halb voll mit Wasser. In ein Glas geben sie ein paar Spritzer Spülmittel dazu. In beiden Gläsern rühren sie mit dem Löffel. Sie beobachten, dass beim Wasser/Spülmittel-Gemisch Schaum entsteht. Interessant ist, dass auch im reinen Wasserglas ein paar wenige Blasen entstehen, die jedoch schnell wieder verschwinden.

Was passiert im Wasserglas?
Durch Rühren kommt das Wasser in Bewegung und Luft dringt in das Wasser ein. Die Luft steigt im Wasser als Blasen sofort wieder auf. Das ist bei Seifenwasser genauso wie bei reinem Wasser.

- Bei reinem Wasser reißen die Luftblasen ein Loch in die Wasseroberfläche und die vom Wasser eingeschlossene Luft entweicht. Vereinzelt schwimmen Luftblasen mit einer Wasserhaut kurz auf der Wasseroberfläche. Da die Wasserhaut aber sehr gespannt ist, platzen sie schnell wieder.
- Bei der Seifenlösung sieht das anders aus. Seife macht Wasser weich und die Oberfläche dehnbarer. Wenn Luftblasen an die Wasseroberfläche gelangen, dann reißen sie zumeist kein Loch. Stattdessen legt sich das Seifenwasser um die Luftblase und verschließt sie. Die Seifenblasen lagern sich an der Wasseroberfläche ab. So entsteht Schaum, eine Ansammlung von vielen, unterschiedlich großen Seifenblasen.

Jetzt sind die Kinder an der Reihe Seifenschaum zu produzieren.

Dazu einen Tisch mit einer wasserfesten Tischdecke abdecken und die

Seifenlauge mischen.

- Auf 1 Tasse Wasser 2 Teelöffel Spülmittel und 1 Teelöffel Zucker geben.
- Die Mischung etwa 1 cm hoch in die flachen Gefäße füllen.

Jedes Kind bekommt einen Trinkhalm und alle besprechen gemeinsam den Unterschied zwischen Saugen und Pusten. Die Kinder machen es vor.

Nun können sie loslegen und mit dem Trinkhalm in die Lösung pusten. Dabei erzeugen sie verschiedene Blasengebilde.

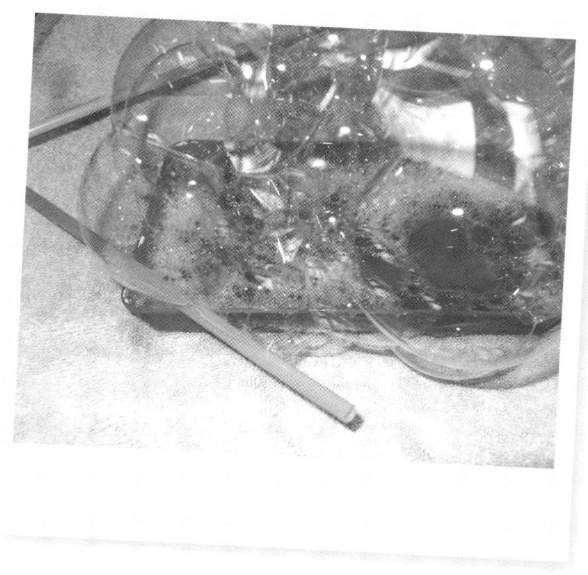

Eckige Seifenblasen?

Versuch

Alter: ab 4 Jahren
Material: Spülmittel, Wasser, Glycerin aus der Apotheke, Biegeplüsch, Handtücher, flache Gefäße

Vorbereitung:

- Für die Seifenblasenlauge 1 l Wasser mit 70 ml Spülmittel und einem Teelöffel Glycerin mischen. **Hinweis:** Für dieses Experiment müssen Sie Glycerin in die Lauge mischen, damit die Seifenblasen auch wirklich funktionieren.
- Für jedes Kind einen Ring mit einem Durchmesser von 2–3 cm aus Biegeplüsch biegen. Das Ende des Biegeplüschs nicht abschneiden, so haben die Kinder einen Griff.

Setzen Sie sich mit den Kindern um einen Tisch und teilen Sie an jedes Kind ein Schälchen aus. Eventuell wiederholen Sie im Gespräch, dass die Kinder bei der letzten Beschäftigung gelernt haben, Seifenblasen mit Trinkhalmen zu pusten. Zeigen Sie den Kindern nun den gebogenen Ring und führen Sie ihnen vor, wie sie damit Seifenblasen machen können: Den Ring kurz in die Lauge eintauchen, vorsichtig herausheben und in den jetzt mit Lauge gefüllten Ring pusten. Teilen Sie nun weitere Ringe aus und lassen Sie die Kinder experimentieren.

Stellen Sie nach und nach Fragen in den Raum:

- Was passiert, wenn der Ring nicht rund ist? Holen Sie Biegeplüsch und lassen Sie die Kinder daraus verschiedene Formen biegen und ausprobieren.
- Gibt es auch eckige Seifenblasen? Wer schafft es? Niemand! Seifenblasen

sind immer rund, das liegt an der Oberflächenspannung.

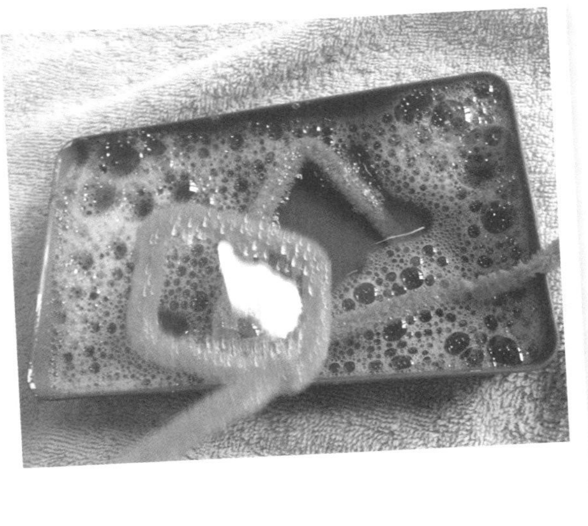

Kreatives Angebot

Seifenblasen-Bilder

Alter: ab 4 Jahren
Material: Spülmittel, Wasser, Malpapier, Trinkhalme, Fingerfarben, flache Gefäße

Mischen Sie wieder eine Seifenlauge an und geben Sie die gleiche Menge Farbe wie Spülmittel dazu.

Lassen Sie die Kinder mit den Trinkhalmen feste blubbern. Wenn die Blasen über den Rand des Gefäßes heraus blubbern, legen sie vorsichtig ein Blatt darauf und nehmen es gleich wieder weg. Das Blatt lassen sie trocknen oder machen mit einer anderen Farbe weiter. Ist die Blubberblase nur schwach auf dem Blatt sichtbar, können Sie auch mehr Farbe dazu mischen, je mehr Farbe in der Seifenlauge, desto kräftiger die „Seifenblasen-Gebilde".

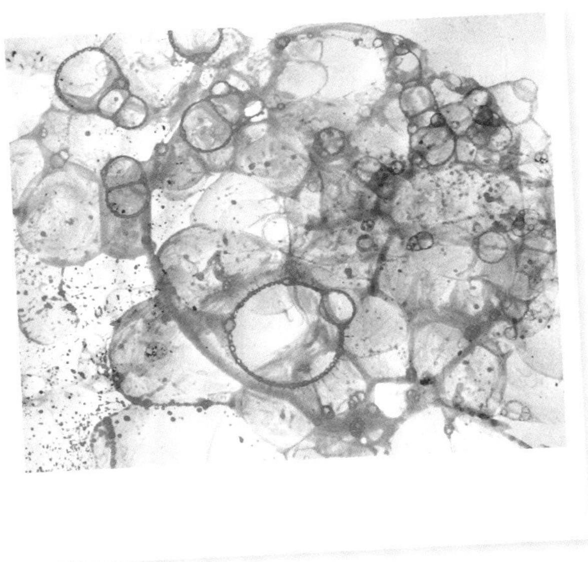

Rezept für Riesen-Seifenblasen

Hauswirtschaftliches Tun

Alter: ab 4 Jahren

Zutaten:
250 ml Neutralseife (HAKA)
1,5 l Wasser
20 ml Glycerin
125 g Zucker

Zubereitung:
250 ml Wasser erhitzen und den Zucker darin auflösen. 250 ml Wasser mit der Neutralseife mischen. Beide Lösungen zusammenschütten und das Glycerin dazugeben. Mit dem restlichen Wasser vermischen und mindestens 2 Std. ruhen lassen.

Wichtig: Bitte halten Sie sich genau an das Rezept, die Riesen-Seifenblasen funktionieren nur dann richtig!

Riesen-Seifenblasen-Spiel

Spiel

Alter: ab 4 Jahren
Material:
Blumendraht, Wolle/Biegeplüsch, Stäbe (Laternenstäbe o.Ä.), Seifenblasenlauge (s.o.), Backblech

So wird's gemacht:
- Jedes Kind erhält ein 50 cm langes Stück Blumendraht.
- Zeigen Sie den Kindern, wie sie den Draht zu einem Kreis zusammenführen können.
- Die Kinder umwickeln den Ring so lange mit Wolle, bis nichts mehr vom Draht zu sehen ist.

Tipp: Sie können den Draht auch mit Biegeplüsch umwickeln, so ist es für die Kinder einfacher.

Befestigen Sie die fertigen Ringe an einem Stab und holen Sie die Seifenlauge. Füllen Sie das Gemisch am besten in ein Backblech, so kann der wollumwickelte Ring komplett eintauchen.

Die Kinder tauchen ihren Ring in die Lauge. Sie ziehen ihn vorsichtig wieder heraus und schwenken ihn dann langsam durch die Luft.
Es entsteht eine wunderschöne, riesengroße Seifenblase.

Kreatives Angebot

Nass-in-Nass-Malerei

Alter: ab 3 Jahren
Material: Malpapier, Schwamm, Wasser, Wasserfarben, Pinsel, Gläser

Der spielerische Umgang mit Wasserfarben wird bei diesem Angebot kombiniert mit dem Experimentieren und dem Mischen verschiedener Farben.

So wird's gemacht:
Den Tisch mit einer wasserfesten Unterlage abdecken.

- Die Kinder befeuchten das Malpapier mit Wasser und einem Schwamm. Vorsicht: Es sollte kein Wasser auf dem Papier stehen.
- Mit dem Pinsel und etwas Wasser verdünnen die Kinder die Wassermalfarben.
- Sie bringen die Farben mit dem Pinsel auf das nasse Papier und beobachten, wie die Farben ineinander fließen.
- Dadurch erleben die Kinder, dass neue Farben entstehen, weiche Konturen und fließende Farbübergänge zu sehen sind.

Hinweis: Ist das Papier zu feucht, kann es schnell reißen.

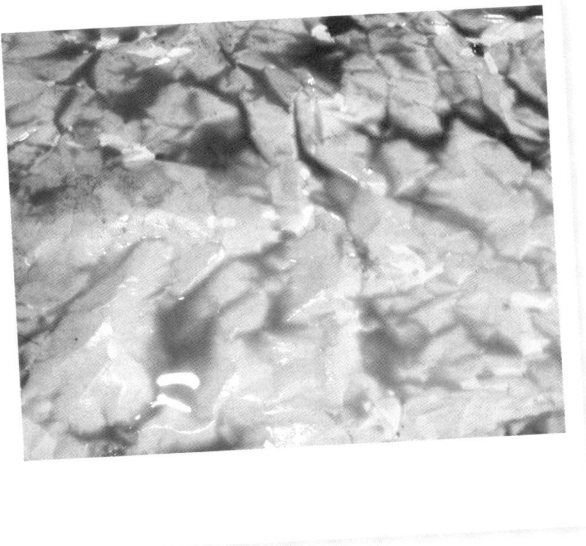

Versuch

Farben mischen

Alter: ab 3 Jahren
Material: Krepppapier (rot, blau, gelb), 3 große Gläser und für jedes Kind 1 kleines Glas. und 1 Pipette, Wasser, Eimer, Arbeitsblatt (Kopiervorlage 3, Anhang S. 102)

Für jedes Kind ein Arbeitsblatt kopieren und ein weiteres Arbeitsblatt als Muster vorbereiten: Die Reihen wie folgt ausmalen und das Ergebnis offen lassen.

- In der ersten Reihe die Farbtöpfe rot und gelb bemalen,
- in der zweiten rot und blau,
- in der dritten gelb und blau.

Gemeinsam mit den Kindern die drei Farben aus Krepppapier und Wasser in den großen Gläsern herstellen. Pro Glas ein bis zwei Streifen Krepppapier einer Farbe ins Wasser geben und kurz warten, vielleicht umrühren und die Streifen wieder entfernen. Das Wasser hat die Farbe des Krepppapiers angenommen.

Stellen Sie die drei gemischten Wasserfarbgläser in die Mitte des Tisches und gleich einen Eimer für die Farbreste dazu.

- Jedes Kind erhält ein kleines Glas und darf zunächst mit der Pipette nacheinander zwei Wasserfarben holen und in seinem Glas zusammenmischen.
- Welche Farbe ist entstanden?
- Haben die Kinder das Prinzip verstanden, mischen und experimentieren sie frei.
- Nach einiger Zeit kommt die vorbereitete Farbkarte ins Spiel. Die Kinder mischen Rot mit Gelb, Rot mit Blau und Blau mit Gelb. Es entstehen die Farben Orange, Violett und Grün.

Und noch eine Erkenntnis gewinnen die Kinder: Mischen sie alle Farben (Farbreste) zusammen, entsteht Braun. Nach Beendigung des Experimentierens dokumentieren die Kinder anhand des Arbeitsblattes die Ergebnisse.

Sand: rieseln, kneten, schütteln

Informationen

Was ist Sand?

Sand ist Kindern von klein auf bekannt. Sie spielen, graben und backen Kuchen in den Sandkisten von Spielplätzen.

Wer an natürliche Sandvorkommen denkt, denkt meist zuerst an einen Strand oder an die Wüste. Aber daneben ist Sand auch an vielen anderen Stellen auf der Welt zu finden: Im Gebirge beispielsweise liegt er am Boden von Flüssen, genauso am Grund von vielen Seen, wenn Flüsse in diesen Seen enden und den Sand mitbringen.

Am spektakulärsten sind jedoch die großen Sanddünen in den Wüsten, zum Beispiel in der Sahara-Wüste von Afrika. Diese Dünen sind durch den Transport von Sand durch die Luft entstanden.

Sand, den wir heute in der Wüste oder am Strand antreffen, ist über mehrere Millionen Jahren entstanden.

Unsere Erde besteht aus verschiedenen Gesteinsschichten, die aus ganz unterschiedlichen Stoffen zusammengesetzt sind. Diese Stoffe heißen „Mineralien".

Unsere Alpen zum Beispiel bestehen auch aus Gestein und sind immer Sonne, Regen und Wind ausgesetzt. Durch das Zusammenwirken von Hitze, Kälte, Wind und Wetter wird das Gestein über die Jahre hinweg in kleinere Brocken, Steine, Kies und Körner umgewandelt. Diesen Prozess nennt man Verwitterung. Brocken, Steine, Kies und Körner werden dann durch Wasser oder Wind weiter transportiert, zum Beispiel durch Flüsse zu einem See oder Meer.

Während des Transportes stoßen sie mit anderen Gesteinsstücken aneinander und werden immer kleiner und kleiner. Die Ecken und Kanten runden sich dabei ab. Wenn die Körner schließlich kleiner als 2 mm sind, nennen wir sie Sandkörner. Körner, die größer als 2 mm sind, nennen wir Kies.

Die unterschiedliche Farbe des Sandes erklärt sich so:

Eines der häufigsten Minerale der Erde ist der sogenannte Quarz. Ein großer Teil der Erdkruste besteht aus diesem Material. Deshalb treffen wir auch häufig auf Sand, der aus Quarz besteht. Er hat eine beige bis hellbraune Farbe.

Schwarzen oder grünen Sand finden wir zum Beispiel auf den kanarischen Inseln oder auf Hawaii. Diese Inseln sind aus Vulkanen entstanden. Vulkangestein enthält die Mineralien Basalt und Olivin. Basalt hat eine schwarze Farbe, Olivin eher eine grüne.

Ganz weißen Sand gibt es auch. Dieser besteht dann allerdings aus kleinen Korallenstückchen, die sogenannten Kalkstein enthalten.

Wenn man nach Afrika in die Wüste fährt, sieht man vor allem rötlichen Sand. Dort ist es das Mineral Eisen, welches den Sand rot färbt.

Das Fazit ist, je nach Mineral hat Sand eine andere Farbe.

Versuch + Beobachtung

Sand erfahren

Alter: ab 2,5 Jahren
Material: sehr feiner Sand, grober Sand, Wasser, für jedes Kind 1 Backblech oder Tablett

Die Kinder sitzen für dieses Angebot um einen Tisch.

Jedes von ihnen hat ein Backblech oder Tablett vor sich und erhält eine halbe Tasse sehr feinen Sand in die Hand.

- Die Kinder betasten den Sand mit den Händen.
- Sie umschließen ihn fest mit ihren Fingern.
- Was passiert, wenn sie die Hand etwas öffnen? Der feine Sand rieselt heraus.
- Die Kinder forschen und probieren aus, was sie mit Sand alles machen können.
- Genauso verfahren die Kinder mit dem etwas gröberen Sand.
- Was passiert, wenn sie etwas Wasser hinzufügen? Der Sand wird formbar.
- Was, wenn sie viel Wasser zugeben? Es entsteht eine „Matschepampe".

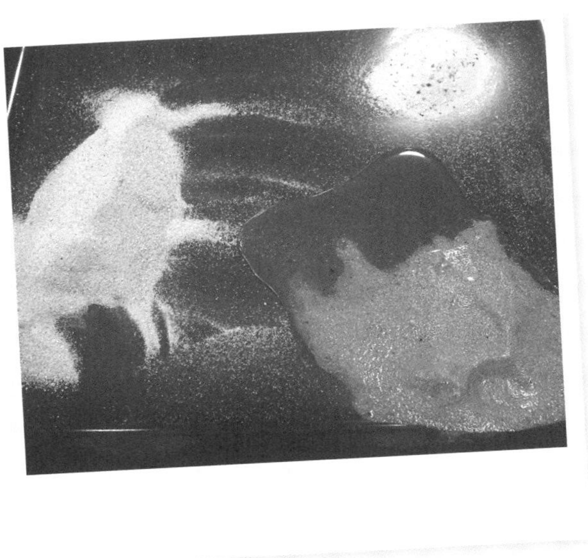

Klanggeschichte

Zwei Sandmonster

Alter: ab 3 Jahren
Material: Rasseln und Klanghölzer

Die Kinder begleiten die Geschichte mit ihren Instrumenten: Bei „Matsch" mit den Klanghölzern spielen. Bei „Riesel" die Rasseln schütteln. Am Ende der Geschichte, bei „Matschel", dürfen alle gemeinsam spielen.

Lesen Sie die Geschichte den Kindern einmal vor und verteilen Sie danach die Instrumente gleichmäßig. Lesen Sie die Geschichte ein weiteres Mal vor, dabei kommen die Rasseln und Klanghölzer zum Einsatz.

Die Geschichte, die ich euch heute erzähle, handelt von **Matsch** *und* **Riesel. Matsch** *und* **Riesel** *sind zwei Sandmonster, die in einem großen Sandkasten leben.* **Matsch** *liebt den Regen! Er liebt es, wenn der Sand schön nass und matschig ist, dann kann er so richtig schön zerlaufen.*

Riesel *liebt die Sonne. Sie liebt es, wenn die Sonne den Sand trocknet und sie so richtig schön davonrieseln kann.* **Matsch** *und* **Riesel**, *die beiden Sandmonster,* *können sich nicht besonders gut leiden. Denn wenn* **Matsch** *matschen kann, kann* **Riesel** *nicht rieseln. So gibt es immer wieder Streit zwischen* **Matsch** *und* **Riesel**. *Heute streiten sie sich, wer von ihnen den Kindern mehr Spaß bringt, wenn sie bei ihnen im Sandkasten spielen. Vor lauter Zankerei bemerken* **Matsch** *und* **Riesel** *gar nicht, dass kaum noch Kinder zu ihnen in den Sandkasten kommen, um darin zu spielen. Denn jedes Kind weiß doch: Wenn der Sand zu nass ist, können sie keine Sandburg bauen. Und wenn der Sand zu trocken ist, genauso wenig. Doch daran denkt weder* **Matsch** *noch* **Riesel**. *Beide wollen sich durchsetzen, und so gehen die Kinder lieber zu einem anderen Sandkasten, um Sandburgen zu bauen.*

Da kommt ein altes Großmütterchen an dem Sandkasten vorbei und hört, wie **Matsch** *und* **Riesel** *wieder mal streiten. „He, ihr zwei! Worüber streitet ihr euch denn heute?", fragt das Großmütterchen. „Darüber, wen die Kinder lieber haben", antworten* **Matsch** *und* **Riesel** *gleichzeitig. „Mit mir können die Kinder so richtig matschen", trumpft* **Matsch** *auf. „Und mit mir können die Kinder leichter Löcher graben und sie können den Sand durch die Finger rieseln lassen und bekommen dabei keine schmutzige Kleidung oder schmutzige Hände!", erwidert* **Riesel**. *„Ihr könntet beide recht haben", meldet sich das Großmütterchen zu Wort, „wenn in eurem Sandkasten Kinder spielen würden! Aber ich sehe bei euch gar keine Kinder."*

Matsch *und* **Riesel** *halten inne und sehen sich um: Stimmt, nicht ein Kind spielt in ihrem Sandkasten. Nach einigem Überlegen müssen sie sich eingestehen, dass schon lange Zeit keine Kinder mehr zum Spielen da waren.*

„Wie können wir das ändern?", fragen **Matsch** *und* **Riesel** *die Großmutter. Das Großmütterchen setzt sich auf die Bank vor dem Sandkasten und schaut auf* **Matsch** *und* **Riesel**. *Alle drei schweigen, denn es scheint keine Lösung für das Problem zu geben. Plötzlich lacht das Großmütterchen auf: „Ich hab's! Warum tut ihr euch nicht zusammen? Stellt euch mal vor, die Kinder wollen eine Sandburg mit euch bauen. Bei dir,* **Matsch**, *zerfließt die Burg, und bei dir,* **Riesel**, *rutscht die Burg immer auseinander. Wenn ihr euch zusammentut, ist* **Matsch** *nicht mehr so nass und* **Riesel** *nicht mehr so trocken. Was das für eine Freude für die Kinder wird!"* **Matsch** *und* **Riesel** *schauen sich an: „Die Idee hört sich gar nicht so schlecht an. Versuchen können wir es ja mal." Und so tun sich die beiden zusammen: Aus* **Matsch** *und* **Riesel** *wird von nun an einfach* **Matschel**.

Was denkt ihr, was die Kinder machen? Sie freuen sich über **Matschel**, *denn mit ihm macht das Sandburgenbauen besonders viel Spaß. Und so wird der Sandkasten von* **Matschel** *der beliebteste Sandkasten in der ganzen Stadt.*

Sand rieselt

Versuch

Alter: ab 3 Jahren
Material: 1 Plastikbecher (Joghurt o. Ä.), Stopfnadel, Feuerzeug und Kerze, 2 Stühle, 1 Stock oder Besenstiel, Schnur, dunkles Tonpapier, feiner Sand

So wird's gemacht:

- Die Stopfnadel über der Kerze erhitzen und ein Loch in die Mitte des Joghurtbecherbodens stechen.
  Hinweis: Wenn die Nadel nicht heiß genug ist, spaltet sich meist unkontrolliert der Becher, aber für diesen Versuch ist ein Loch notwendig.
- Dicht unter dem Becherrand rechts und links in die Seiten ebenfalls je ein Loch stechen. Die Schnur auf ca. 60 cm kürzen und jeweils ein Ende durch eines der beiden Löcher am Rand des Bechers ziehen und mit einem Knoten befestigen.
- Zwei Stühle aufstellen, den Besenstiel dazwischen legen und den Becher einhängen. Das Tonpapier darunter legen.

- Den Becher halb voll mit Sand füllen, dabei das Loch zuhalten.

Die Kinder stoßen den Becher leicht an. Er schwingt über dem Tonpapier und hinterlässt dort feine, gleichmäßige Muster. Ist der Becher leer, entfernen die Kinder den Sand vom Papier und befüllen den Becher wieder neu.

Beim weiteren Anstoßen des Bechers probieren sie verschiedene Möglichkeiten aus: Sie stoßen den Becher unterschiedlich kräftig an oder lassen ihn im Kreis schwingen. Dabei entstehen wunderschöne Muster.

Spiel Sandbahn

Alter: ab 2 Jahren
Material: 4–5 leere Plastikflaschen (0,5 l), Cuttermesser, Hammer, Nägel, Brett (100 x 40 cm), Sand, Trichter, evtl. 1 Wanne

Eine schöne Idee, um den Kindern eine weitere Spielmöglichkeit mit Sand zu bieten, die auch im Gruppenzimmer ihren Platz finden kann.

So wird's gemacht:

- Bei allen Plastikflaschen den Boden entfernen.
- Die erste Flasche mit der Gießöffnung nach unten am oberen Rand des Brettes befestigen – in diese Öffnung kommt der Trichter, durch den später die Kinder den Sand einfüllen.
- Unterhalb der ersten Gießöffnung die nächste Flasche – wieder mit der Gießöffnung nach unten – am Brett befestigen.
- So weiter verfahren, bis unten am Brett noch etwa 20 cm Platz für einen kleinen Eimer zum Auffangen des Sandes bleibt.

Die Kinder füllen feinen Sand durch den Trichter in die erste Flasche. Sie beobachten, wie der Sand von einer Flasche zur nächsten nach unten fließt und fangen ihn mit ihrem kleinen Eimer unten wieder auf.

Tipp: Wenn die Bahn ihm Gruppenzimmer genutzt wird, das Brett in eine flache Wanne stellen.

Becherrezept Sandknete

Kreatives Angebot

Alter: ab 2,5 Jahren
Material: 1 Becher Stärkemehl, 1 Becher Wasser, 2 Becher Sand, Topf, Rührlöffel

So wird's gemacht:
Für die Herstellung der Sandknete ca. 10 Minuten einplanen.

- Alle Zutaten mit einem Becher abmessen, in den Topf geben und vermengen. Die Masse ist zuerst sehr flüssig.
- Bei mittlerer Hitze erwärmen und rühren. Schon nach kurzer Zeit wird sie dick.
- Wenn sie die Konsistenz von Knete hat, die Masse aus dem Topf nehmen und abkühlen lassen.
- Die Sandknete anschließend sofort verwenden oder luftdicht verpacken.

Die Sandknete an die Kinder verteilen und von ihnen befühlen sowie beschreiben lassen.

Die Kinder sehen und fühlen den Sand. Sie probieren und erfahren, wie sie die Sandknete verarbeiten können.

Die fertigen Figuren können an der Luft getrocknet werden. Nach ein bis zwei Tagen sind sie hart.

Hinweis:
Wenn die Kinder mit der Sandknete eine Weile geknetet haben, trocknet sie an und wird bröselig. Aber wenn sie die Knetmasse etwas befeuchten, so wird sie wieder geschmeidig.

Kreatives Angebot Fußspuren im Sand

Alter: ab 2 Jahren
Material: Sandknete (s. o.), für jedes Kind 1 Plastikteller mit Rand

Die Kinder verteilen die Sandknete etwa 1,5 bis 2 cm dick auf dem ganzen Teller und streichen sie glatt. Den Teller stellen sie auf den Boden und treten barfuß in die Knete, damit ein schöner Fußabdruck entsteht.

Nach drei Tagen ist die Sandknete getrocknet und kann aus dem Teller entfernt werden.

Der Abdruck sieht nun aus, als wäre das Kind durch Sand gelaufen. Alternativ kann auch ein Handabdruck gestaltet werden.

Tipp: Wollen die Kinder ihr Bild aufhängen, stecken sie für das Loch vor dem Trocknen ein Stück Trinkhalm in die Sandknete.

Kreatives Angebot Bunter Sand

Alter: ab 4 Jahren
Material: Sand, Acrylfarbe, verschließbarer Gefrierbeutel, Haarsieb, Klarsichtfolie

Da der Sand feine Steinchen enthalten kann, sollte er vor dem Einfärben durch ein feines Haarsieb geschüttet werden. So ist der Sand glatt und pulvrig.
So viel Sand, wie von einer Farbe benötigt, in einen Gefrierbeutel mit etwas Acrylfarbe füllen.

Den Beutel verschließen und den Sand im Beutel mit der Farbe verkneten. Bei Bedarf noch weitere Farbe dazugeben.

Anschließend den gefärbten Sand auf Klarsichtfolie zum Trocknen ausbreiten. Diesen Vorgang mit jeder weiteren Farbe wiederholen. Nach dem Trocknen lässt sich der Sand mit den Händen leicht zerkrümeln.

Eine wunderschöne Dekoration ist es, wenn der Sand schichtweise in Gläser mit Deckel gefüllt wird. Dabei können als Beispiel die sieben Farben des Regenbogens übereinander geschichtet werden.

Hinweis: Zum Einfärben des Sandes können die Kinder auch Lebensmittelfarbe oder Fingerfarbe benutzen. Allerdings wird die Farbe des Sandes mit der Acrylfarbe etwas intensiver als mit anderen Farben.

Sandbilder

Kreatives Angebot

Alter: ab 3,5 Jahren
Material: Tonkarton (DIN A4), Flüssigkleber, (evtl. bunter) Sand

Die Kinder malen auf den Tonkarton mit dem Flüssigkleber ein Bild.

Über dieses Bild verteilen sie ausreichend Sand. Nach kurzer Wartezeit schütten sie den Sand wieder vom Blatt. Der Sand bleibt am Kleber haften und ein schönes Bild ist entstanden.

Wenn die Kinder noch mehr auf ihr Bild „malen" möchten, können sie diesen Vorgang mehrmals wiederholen.

Tipp: Mit gefärbtem Sand (s. o. Bunter Sand) können die Kinder ihr Bild farbig gestalten.

Versuch Sanduhr für zwei Minuten

Alter: ab 5 Jahren
Material: 2 gleiche Plastikröhrchen mit Deckel, sehr feiner Sand, Klebeband, spitzer Nagel, Stoppuhr

Bevor die eigentliche Sanduhr gebaut werden kann, muss die Sandmenge für zwei Minuten abgemessen werden:

So wird's gemacht:
In den Deckel des einen Röhrchens mit dem Nagel ein Loch bohren.
Das Röhrchen ganz mit Sand befüllen und den Deckel aufdrücken.
Das Röhrchen umdrehen und gleichzeitig die Stoppuhr starten.
Nach zwei Minuten das Röhrchen schnell umdrehen, sodass kein Sand mehr herausrieseln kann.
Den restlichen Sand aus dem Röhrchen nehmen und nur den innerhalb der Zeit aus dem Röhrchen gerieselten Sand wieder einfüllen und verschließen. Den zweiten Deckel mit einem Loch versehen und aufdrücken. Das zweite Röhrchen Deckel auf Deckel mit Klebeband auf dem ersten befestigen.

Hinweis: Beim Loch im Deckel muss darauf geachtet werden, dass kein Plastik übersteht und beide Löcher gleich sind. Das wird erreicht, wenn im ersten Deckel das Loch ist, dieser genau über den zweiten gelegt wird und dann durch beide Deckel gleichzeitig das zweite Loch gebohrt wird.

Spiele mit Sand

Spiel

Die drei nachfolgenden Spiele können ohne großen Aufwand mit einer Kindergruppe gespielt werden. Sie sind in ihrem Aufbau sehr einfach und können bei schönem Wetter auch im Sandkasten des Außengeländes durchgeführt werden.

Spuren im Sand

Alter: ab 3 Jahren
Material: Sand, Backblech, Gegenstände (Kamm, Spachtel, Gabel, Muschel, verschiedene Schuhprofile), Sprühflasche mit Wasser

Den Sand ein bis zwei Zentimeter hoch in das Backblech füllen und glatt streichen. Die Gegenstände um das Backblech anordnen.

Die Kinder setzen sich um das Backblech.

Ein Kind schließt die Augen, während ein anderes Kind mit einem Gegenstand einen Abdruck im Sand hinterlässt. Das Kind öffnet die Augen wieder und betrachtet den Abdruck. Kann es den Gegenstand benennen, der diesen Abdruck hinterlassen hat?

Das nächste Kind kommt nun an die Reihe.

Um die Aufgabe anspruchsvoller zu machen, können auch zwei Gegenstände kombiniert werden.

Tipp: Wenn der Sand vor diesem Angebot etwas befeuchtet wird, sind die Abdrücke deutlicher.

Sandmalerei

Alter: ab 4 Jahren
Material: Sand, Backblech, Stöckchen

Auf das Backblech so viel Sand füllen, dass der Boden gut bedeckt ist.

Die Kinder sitzen um das Backblech und ein Kind wird bestimmt, mit dem Stöckchen etwas in den Sand zu „malen".

Die anderen raten gemeinsam. Wer zuerst das Gemalte erkennt, ist als nächstes dran, ein Bild zu zeichnen.

Alter: ab 4 Jahren
Material: Sand, Backblech, kleine Steine oder Murmeln

Darts

Das Backblech auf dem Boden oder auf einem Tisch abstellen. In den glatt gestrichenen Sand einen Kreis zeichnen. Im Vorfeld des Spiels wird festgelegt, wie viele Steine bzw. Versuche jedes Kind hat.

Die Kinder stehen je nach Alter in einem gewissen Abstand zum Backblech und werfen Steine in den eingezeichneten Kreis. Wer schafft es, die meisten Steine in dem Kreis zu platzieren?

Spiel

Schatzsuche

Alter: ab 3 Jahren
Material: Sandkasten mit trockenem Sand, Absperrband, bunte Glassteine, Siebe, Schaufeln

In einem abgesteckten Bereich im Sandkasten sind bunte Glassteine als Schatz vergraben.

Die Kinder gehen auf Schatzsuche. Sie geben mit der Schaufel Sand in ihr Sieb und schütteln es. Verbleibende Steine dürfen sie behalten. Das Angebot kann auch als Wettspiel dienen: Hier gewinnt, wer in einer bestimmten Zeit die meisten Steine gefunden hat.

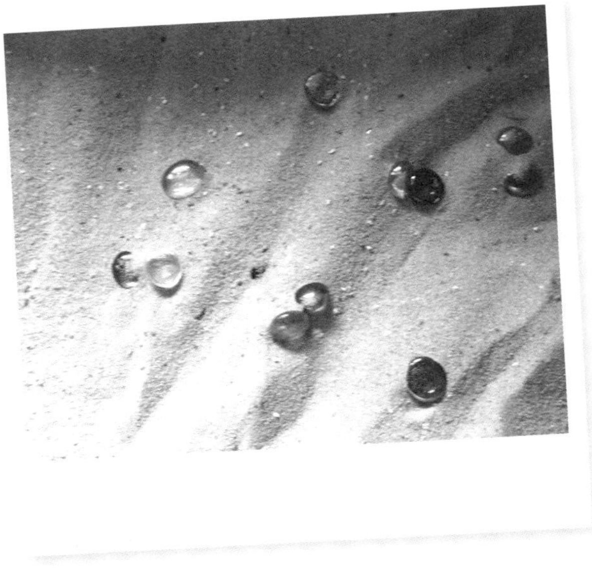

Knet-Sand

Kreatives Angebot

Alter: ab 2 Jahren
Material: 2 kg Mehl, 300 ml Baby-Öl, evtl. Glitzer und Lebensmittelfarbe, Murmel

So wird's gemacht:
Das Mehl mit dem Öl mischen und gut durchkneten, im Zweifel nochmals etwas Mehl dazugeben – und schon kann der Sandspaß beginnen.

Die Kinder brauchen hierzu kein „Sandspielzeug". Alleine, dass sich der „Sand" so einfach formen lässt, ist für sie ein Erlebnis.

Tipp: Der magische Sand kann mit Glitzer oder Lebensmittelfarben verändert werden.

Murmelbahn aus Knet-Sand

Um die Kinder auf diese Spielvariante hinzuweisen, schichten die Kinder zunächst einen Berg aus Knet-Sand auf und lassen eine Kugel hinab rollen. Daraus entwickelt sich die Murmelbahn, es entstehen verschiedene Hügel oder auch ein Tunnel.

Die Kinder probieren selbst Möglichkeiten aus:

- Wie steil oder wie flach kann der Berg sein?
- Kann eine Murmel um eine Kurve rollen?
- Was müssen wir dabei beachten?

Kreatives Angebot

Schüttelgläser mit Sand

Alter: ab 3,5 Jahren
Material: Gläser mit Deckel, Sand, Esslöffel, Wasser, Spülmittel, Glitzer

Die Kinder füllen in ihr Glas einen Esslöffel Sand und geben etwas Glitzer dazu. Sie füllen etwas Wasser ein und geben etwa zwei Esslöffel Spülmittel dazu. Sie füllen das Glas bis zum Rand mit Wasser auf und verschließen es fest.
Schon können die Kinder schütteln.

Hinweis: Das Spülmittel ist notwendig, damit der Sand und der Glitzer langsam z. B. den rieseln.

Wüste: Sonne, Sand und Wasser

Informationen

Wüste

Wüstenbilder wirken meist leer, heiß und sandig. Das fehlende Wasser lässt sie so trocken aussehen. Doch bei genauer Betrachtung lassen sich neben Pflanzen auch Tiere entdecken, die sich dieser kargen und unfreundlichen Umgebung angepasst haben.

An erster Stelle, soll das Kamel genannt werden, denn es ist das wohl bekannteste Wüstentier. Es kommt wochenlang ohne frisches Wasser aus, denn es schwitzt erst bei sehr hoher Körpertemperatur und scheidet dabei kaum Wasser aus.

Neugierig und frech, aber ziemlich sympathisch sind die Erdmännchen. Bei einem Zoobesuch sind sie bei Kindern die Attraktion. Einsamkeit mögen die niedlichen Wüstentiere nicht, sie leben in großen Gruppen und trotzen der großen Hitze.

Weniger beliebt ist der Skorpion. Er wird vor allem wegen seines Giftstachels von Mensch und Tier gefürchtet. Genau wie Schlangen, die in unterschiedlichen Größen die Wüste unsicher machen. Der Mensch siedelt schon immer in Wüstengebieten. Allerdings sind Menschen im Gegensatz zu Tieren oder Pflanzen physiologisch nicht an das Leben in der Wüste angepasst. Ein Mensch, der die Wüste nicht kennt, wird einen Tag in der Wüste kaum überleben, wenn er kein Wasser hat. Die Menschen, die in der Wüste leben, haben sich dieser angepasst. Sie haben gelernt mit Wassermangel, extremen Temperaturschwankungen, Trockenheit, Hitze und Sonneneinstrahlung umzugehen. So graben sie Brunnen, um an die Grundwasservorräte zu kommen. Mithilfe von Kamelen oder Fahrzeugen können sie mit einem geschulten Orientierungssinn hunderte Kilometer in lebensfeindlicher Umgebung zurücklegen. Nicht zuletzt schützen sie sich durch Kleidung vor Austrocknung und Sonnenstrahlung. Während der Mittagshitze ziehen sie sich zumeist in ihre Zelte und Behausungen zurück.

Ein Tag mit Ali

Fantasiereise

Diese Fantasiereise nimmt die Kinder mit in die Wüste. Während dieser Reise werden Wissen und verschiedene Sinneseindrücke vermittelt.

Alter: ab 4 Jahren
Material: Entspannungsmusik, Decken oder Yogamatten, Malblätter und Stifte

Den Raum etwas abdunkeln und im Hintergrund leise die Entspannungsmusik laufen lassen, während sich die Kinder eine Decke bzw. Matte nehmen. Alle legen sich bequem auf die Unterlage und schließen die Augen. Die Geschichte wird langsam und mit ruhiger Stimme vorgelesen. Dabei immer kurze Sprechpausen einlegen, damit die Kinder die geschilderten Eindrücke in ihrer Fantasie verarbeiten können.

Lege dich bequem auf die Matte, schließe bitte deine Augen. Atme noch einmal tief ein und aus, ein und aus ...

Du bist jetzt ganz ruhig und hörst nur noch meine Stimme, die dich heute mitnimmt auf eine weite Reise in ein fernes Land.

Du reist nicht alleine, Ali wird dich begleiten.

Ali ist ein Junge, der weit weg in einer Wüste lebt. Er nimmt dich auf einen Besuch dorthin mit. Ihr fliegt mit dem Flugzeug. Ihr fliegt über ein weites Wolkenmeer und landet am Rande einer Stadt in der Wüste. Die Wüste ist doppelt so groß wie Deutschland.

Zuerst geht Ali mit dir in die Stadt, dort sind viele Leute unterwegs. Es ist sehr laut. Viele Autos fahren hupend durch die Straßen. Du hörst es jetzt ganz deutlich in deinen Gedanken.

Ali geht mit dir durch enge Gassen und nimmt dich mit zu einem Basar. Es ist ein riesiger Markt, wo Händler ihre Waren verkaufen. Du hörst die Rufe der Händler, die ihre Waren verkaufen wollen.

Auch ohne ihre Rufe wüsstest du, was sie anbieten. Deine Nase sagt es dir, sie nimmt die verschiedensten Gerüche auf und erzählt dir, was du an den Marktständen kaufen kannst. Du riechst Gewürze – süß wie Pudding, scharf wie Peperoni – sowie den Duft verschiedenster Teesorten.

Deine Augen streifen umher und entdecken glänzende Dinge wie Schmuck in Gold und Silber, Teppiche in den verschiedensten Farben und vieles mehr ...

Hier auf dem Basar ist alles bunt und sehr voll.

Nach so vielen bunten Eindrücken will Ali weiter. Ali möchte dir noch mehr zeigen von seinem Land. Er fährt mit dir aus der Stadt in die Wüste.

Gemeinsam spaziert ihr durch den Sand. Du ziehst deine Schuhe aus, spürst wie sich der Sand durch deine Zehen schiebt und wie dein Fuß im weichen Sand versinkt. Ganz fein ist dieser Sand und wunderbar warm ...

Ali möchte dir noch etwas ganz Besonderes zeigen. Er führt dich ein Stück weiter in die Wüste. Zuerst siehst du nur eine Palme. Ihr stellt euch unter die schattenspendenden Blätter der Palme. Das tut gut. Nach den heißen Sonnenstrahlen fühlt es sich im Schatten der Palme kühl an.

Ali zeigt mit dem Finger auf mehrere Zelte. Ihr geht langsam darauf zu.

Ali bittet dich in ein solches Zelt hinein und du wirst überrascht: Das ist kein Zelt, wie du es vielleicht vom Camping kennst. Es ist mehr wie eine gemütliche Wohnung. Hier lässt es sich gut aushalten ...

Ali lädt dich auf einen Tee ein. Er schmeckt sehr süß und ist heiß und doch tut er dir gut. Er löscht deinen Durst, den die heiße Wüstensonne in dir hinterlassen hat. Du schaust dich um und entdeckst viele schöne Dinge im Wohnzelt von Ali.

Doch Ali will dir noch mehr zeigen und geht mit dir zu seinen Tieren: Es sind Kamele. Mit einem der Kamele darfst du reiten. Das Kamel kniet sich in den Sand und erst steigst du auf, dann Ali. Als das Kamel wieder aufsteht, hebt es zuerst sein Hinterteil, dann sein Vorderteil. Langsam setzt es sich in Gang und schaukelt dich wie auf einem Schiff hin und her. Du verstehst jetzt, warum Kamele auch Wüstenschiffe genannt werden.

Ihr reitet durch die Zeltstadt bis zu einem großen Wasserloch, das fast wie ein kleiner See aussieht. Jetzt weißt du, wo Ali wohnt: in einer Oase!

Ihr steigt vom Kamel und du hältst deine Füßen ins Wasser. Es ist angenehm kühl und frisch ...

Es gibt noch so viel zu entdecken, aber der schöne und erlebnisreiche Tag ist nun leider fast zu Ende und du möchtest nach Hause zurückkehren.

Ali begleitet dich zum Flugzeug, das dich zurück nach Deutschland bringt. Du verabschiedetest dich von Ali, bedankst dich und versprichst demnächst wiederzukommen. Ali winkt dir zum Abschied noch einmal zu.

Du fliegst über das Wolkenmeer zurück nach Deutschland. Du landest sanft hier im Raum auf deiner Matte. Wenn du angekommen bist, öffnest du die Augen und setzt dich langsam auf. Lass die Ruhe noch etwas auf dich wirken.

Nimm dir ein Blatt und male deine Eindrücke vom Tag in der Wüste mit Ali.

Kreatives Angebot

Wüstenbild

Alter: ab 4 Jahren
Material: Malblätter, braune Wasserfarbe, Filzstifte (schwarz), Wachsmalstifte

Die Kinder bemalen ihr Blatt ganz mit brauner Wasserfarbe. Nach dem Trocknen malen sie mit einem schwarzen Stift vier bis fünf Bögen auf das jetzt braune Blatt, damit auf dem Bild Sandhügel bzw. Dünen entstehen.

Mit Wachsmalstiften gestalten die Kinder das Wüstenbild nach ihren Vorstellungen aus: mit Kamelen, Palmen, Zelten, einer Oase ...

Informationen

Menschen in der Wüste

In der Wüste leben schon immer auch Menschen. Sie haben ihre Lebensweise der Wüste angepasst.

Unterschiedliche Lebensformen

- Nomaden
  Nomaden sind nicht sesshaft und ziehen mit ihren Herden immer wieder dorthin weiter, wo es Wasser und Futter für die Tiere gibt. Sie wohnen in Zelten, die in West- und Zentralasien als Jurten bezeichnet werden, oder in Höhlen.
- Oasenbewohner
  Oasen, das sind Wasserstellen inmitten einer Wüste, waren früher Versorgungsstätten für Karawanen oder Handelsplätze der Nomaden und Bauern. Heute gibt es nur noch sehr wenige dieser traditionellen Oasen.

Oasen haben einen Strukturwandel vollzogen, der auf die Erschließung und Nutzung tiefer liegender Wasserreserven zurückzuführen ist. Das ermöglichte den Bewohnern bessere Landwirtschaft und der Tourismus konnte als Einkommens. für alle Einzug halten.

Es gibt auch Flussoasen. Der Nil ist solch eine Flussoase. Hier siedelten die Ägypter schon vor 5000 Jahren. Sie bauten Dämme und rangen der Wüste immer mehr fruchtbaren Boden ab. Sie betrieben Ackerbau. Heute sind in solchen Regionen riesige Städte und bedeutende Zivilisationen entstanden.

Kleidung der Wüstenbewohner

Bei den Wüstenbewohnern tragen Männer und Frauen hemdartige Kleider. An den Füßen tragen sie einfache Sandalen. Ein Tuch als Kopfbedeckung tragen fast alle. Dies dient dazu, den Kopf vor der Sonne zu schützen und gleichzeitig bei starkem Wind Mund und Nase zu bedecken. Die Beduinen tragen auch bei der größten Hitze ihren Mantel: Der Schweiß verdunstet nicht und wirkt kühlend auf der Haut. Auffallend ist auch, dass viele Nomaden schwarze oder dunkelblaue Kleidung tragen. Die Sonnenstrahlen können durch den dunklen Stoff nicht so gut bis zur Haut durchdringen und schützen sie daher besser als heller Stoff.

Kreatives Angebot

Beduine aus Tonkarton

Alter: ab 4 Jahren
Material: Tonkarton (schwarz, weiß, hellbraun, dunkelblau), Schere, Kleber, schwarzer Stift, Kopiervorlage 4 (s. Anhang S. 103)

Die Vorlagenteile des Beduinen auf den farblich passenden Tonkarton übertragen und von den Kindern ausschneiden lassen.

Die Kinder kleben die Teile anhand des Bildes zusammen und malen Augen, Mund und Nase auf.

Sachgespräch

Trampeltier oder Dromedar?

Alter: ab 4 Jahren
Material: Bilder vom Trampeltier und Dromedar

Die Kinder versammeln sich an einem Tisch, um die Unterschiede zwischen Trampeltier und Dromedar zu besprechen und herauszufinden.

Wenn von einem Kamel die Rede ist, ist es im eigentlichen Sinn ein Trampeltier und gemeint ist das zweihöckerige Kamel. Kamel ist der Oberbegriff, unter dem sich alle Arten vereinen. In der nachfolgenden Tabelle werden die Unterschiede aufgezeigt.

Trampeltier	Dromedar
Zwei Höcker	*Ein Höcker*
Lebt hauptsächlich in Asien	*Lebt hauptsächlich in Afrika*
Größe 180–230 cm	*Größe 180–200 cm und etwas schlanker als das Trampeltier*

Das sind schon die wesentlichen Unterschiede.

Die beiden Tierarten gehören zur Familie der Großkamele bzw. der Altweltkamele. Neuweltkamele sind das Lama und das Alpaka.

Es hält sich hartnäckig der Irrglaube, dass Trampeltiere und Dromedare Wasser in ihren Höckern speichern. Das ist falsch. Es stimmt zwar, dass Kamele sehr viel Wasser auf einmal aufnehmen können, 200 Liter in 15 Minuten, doch der/die Höcker bestehen aus nahezu 100 % Fett. Beide Tiere sind Pflanzenfresser und ernähren sich von Gräsern. Ihre Anpassung an die Lebensumstände der Wüste hat bewirkt, dass sie auch trockenes Gestrüpp und salzhaltige Gräser fressen können.

Beide Tiere wurden und werden vorrangig als Last- und Zugtiere gehalten und sind in Touristenorten eine Reitattraktion. Daneben sind sie auch Woll-, Milch- und Fleischlieferant. Beide haben eine besondere Gangart. Sie bewegen immer abwechselnd das linke und das rechte Beinpaar. Sie werden auch „Wüstenschiffe“ genannt, da sie mit ihrer Gangart den Reiter schaukeln.

Dromedare leben nur noch in Gefangenschaft. Die Wildform ist vermutlich seit 2000 Jahren ausgestorben. Vom freilebenden Trampeltier gibt es nur noch kleine Bestände in China und der Mongolei.

Kreatives Angebot

Trampeltier und Dromedar!

Alter: ab 4 Jahren
Material: Tonkarton (hell- und dunkelbraun), Schere, Kleber, schwarzer Stift, Kopiervorlagen 5 und 6 (s. Anhang S. 104/105)

So wird's gemacht:
Die Vorlagen von Trampeltier und Dromedar auf den hell- und dunkelbraunen Tonkarton übertragen.

Die Kinder schneiden beide Kamele aus und kleben sie anhand der Abbildung zusammen. Sie malen den Tieren Augen, Schnauze und Mähne auf.

Handabdruck Kamel

Kreatives Angebot

Alter: ab 3 Jahren
Material: Fingerfarbe (braun), Pinsel, Malblätter, schwarzer Stift

Um auf ganz besondere Art und Weise ein Kamel zu gestalten, benötigen die Kinder hier nur die Hände. Dieses Kamel wird aus einem Handabdruck gefertigt.

Die Kinder bemalen mit der Fingerfarbe und einem Pinsel die eigene Hand. Anschließend drücken sie die Hand auf das Papier. Dabei achten sie darauf, dass sie die Finger für die Beine des Kamels etwas spreizen.

Die Kinder legen das Blatt mit den Fingern/Beinen nach unten vor sich, setzen den Pinsel an der Daumenspitze an, ziehen einen Strich nach oben und machen einen kurzen Strich zur Seite für den Kopf. Sie malen einen oder zwei Höcker an den Handballen und noch einen Schwanz.

Nach dem Trocknen der Farbe bekommt das Kamel noch ein Auge und einen Mund.

Erdmännchen

Sachgespräch

Alter: ab 4 Jahren

Erdmännchen leben in Trockengebieten und Halbwüsten, in denen es kaum Sträucher und Bäume gibt. Dort bewohnen sie Erdspalten oder graben sich einen unterirdischen Bau.

Erdmännchen können zwar sehr gut Löcher graben, doch sie ziehen auch mal in vorhandene Höhlen ein. Diese werden dann eifrig ausgebaut. Im Schnitt hat ein Erdmännchenbau rund 15 Ein- und Ausgänge sowie Tunnel und Kammern in Tiefen bis zu 3 Metern. Egal, ob es draußen kalt oder heiß ist, in den tieferen Gebieten des Baus herrscht immer eine angenehme Temperatur. Die Erdmännchen wechseln ihre Höhlen alle paar Monate und dann heißt es wieder: buddeln, graben, buddeln ... Damit die Erdmännchen bei ihrer Arbeit keinen Sand in die Ohren bekommen, können sie diese schließen, indem sie ihre Ohren nach unten klappen.

Ihre Zeit verbringen sie mit der Suche nach Futter, dem Spielen und der Suche nach einem Partner. Eine typische Gruppe von Erdmännchen besteht aus mehreren Familien mit etwa 30 Tieren. Das Sagen haben vor allem die Weibchen, aber es gibt immer ein „herrschendes" Pärchen.

Die Ernährung besteht hauptsächlich aus Insekten. Bei Gelegenheit werden aber auch Echsen, Schlangen, Skorpione und Eier gefressen. Skorpione und Schlangen können sie unbedenklich fressen, das Gift wirkt auf sie nur schwach bis gar nicht. Bei der Futtersuche hält immer mindestens ein Erdmännchen aufmerksam Wache, indem es sich auf seine Hinterbeine stellt und die Umgebung überblickt. Wird ein Fressfeind gesichtet, stößt das Erdmännchen einen lauten Warnschrei aus. Daraufhin flüchten alle Erdmännchen wieder zurück in ihre unterirdischen Gänge. Die Warnrufe sind spezifisch und voneinander unterscheidbar, sodass jedes Erdmännchen sofort weiß, um was für einen Angreifer es sich handelt (z. B. ein Greifvogel oder ein Wildhund).

Erdmännchen sind optisch perfekt an ihre Umgebung angepasst. Mit ihrer hellbraunen Fellfarbe sind sie nur schwer vom sandigen Boden zu unterscheiden. Die dunklen Flecken um die Augen verhindern, dass die Sonne sie beim Blick in die Ferne allzu sehr blendet.

Die Erdmännchen sind tagaktive Tiere: Am Morgen spitzen sie zuerst ihre Ohren und schauen erst einmal vorsichtig aus ihrem Bau heraus, um sicherzugehen, dass kein Feind vor der Haustür wartet. Dann gehen sie auf Futtersuche, halten den Bau in Schuss und gönnen sich gegen Abend ein ausgiebiges Sonnenbad. Für den Fall, dass die Erdmännchen nicht in ein unterirdisches Erdloch fliehen können, haben sie einen Plan B. Sie legen sich auf ihren Rücken, zeigen die Zähne und spreizen die Krallen.

Erdmännchen

Kreatives Angebot

So wird's gemacht:
Die Vorlage auf den passenden Tonkarton übertragen. Die Kinder schneiden die Einzelteile aus. und kleben sie zusammen. (s. Foto.) Mit einem schwarzen Stift zeichnen sie Krallen, Pupillen und Mund an.

Alter: ab 4 Jahren
Material: Schere, Kleber, hell- und dunkelbrauner Tonkarton, schwarzes Tonpapier, schwarzer Stift, Kopiervorlage 7 (Anhang S. 106)

Das kleine Erdmännchen Karl

Klanggeschichte

Lesen Sie den Kindern die Geschichte zuerst ohne den Einsatz der Instrumente vor. Stellen Sie anschließend die Instrumente vor und ordnen diese den sechs Brüdern August, Anton, Adam, Alfons, Axel sowie Karl zu. Die Kinder wählen selbst aus, welches Instrument bzw. welche Rolle sie in der Geschichte übernehmen wollen. Verteilen Sie die Instrumente an die Kinder. Lesen Sie die Geschichte erneut vor und legen Sie an Schlagwortstellen eine Sprechpause ein, damit die Kinder Zeit haben ihre Instrumente einzusetzen.

Alter: ab 3,5 Jahren
Material: 6 verschiedene Instrumente zur Auswahl (Klangstäbe, Rassel, Holzblocktrommel, Schellenkranz, Handtrommel, Triangel)

In der Wüste, in einem wunderschön gegrabenen Bau lebt Familie Erdmännchen, das sind Mama, Papa, **Karl** *und seine fünf älteren Brüder:* **August, Anton, Adam, Alfons** *und* **Axel**. *Sie machen vieles gemeinsam: Sie suchen Fressen, sie graben an ihrem Bau, sie spielen zusammen und liegen auch mal faul in der Sonne – wie richtige Erdmännchen eben.*

Nur einer, der kleine **Karl**, *der war nie mit dabei. Ob das an seinem Namen liegt? Ihr habt sicher schon bemerkt, dass alle Namen seiner Brüder mit A anfangen, nur seiner nicht.*

Karl *ist der jüngste und kleinste in der Familie. Wenn* **Karl** *die anderen fragt: „Darf ich mit auf die Jagd?", sagen* **August, Anton, Adam, Alfons** *und* **Axel**: *„Nein, du bist zu klein." Fragt* **Karl**: *„Darf ich mit euch am Bau graben?", sagen* **August, Anton, Adam, Alfons** *und* **Axel**: *„Nein, du bist zu klein." Wenn* **August, Anton, Adam, Alfons** *und* **Axel** *zusammen spielen – egal ob Fangen, Verste-*

cken oder um die Wette rennen – und Karl fragt: „Darf ich mitspielen?", sagen August, Anton, Adam, Alfons und Axel: „Nein, du bist zu klein!" Manchmal denkt Karl, dass er gar nicht zur Familie gehört.

Karl hat sich etwas überlegt: Damit die anderen merken, dass er auch da ist, ärgert Karl seine Brüder August, Anton, Adam, Alfons und Axel. Er versteckt ihre Sachen, schüttet das, was sie gebuddelt haben, wieder zu oder läuft dazwischen, wenn sie Fangen spielen. Das ärgert August, Anton, Adam, Alfons und Axel so sehr, dass sie den kleinen Karl am liebsten verhauen möchten. Dann sind August, Anton, Adam, Alfons und Axel immer hinter Karl her und er muss sich verstecken.

Doch, wenn Mama und Papa sie zum Mittagessen rufen, darf Karl mit Mama, Papa und seinen Brüdern August, Anton, Adam, Alfons und Axel an einem Tisch sitzen. Und wenn es ihr Lieblingsessen, leckere Insektenbrühe, gibt, dann sind alle glücklich. Was Karl dabei ärgert, ist: Er bekommt immer nur einen Teller Suppe ab, da August, Anton, Adam, Alfons und Axel so schnell essen, dass der Topf immer schon leer ist, wenn Karl seinen Nachschlag will.

Als es wieder einmal Insektenbrühe zum Mittagessen geben soll, ist alles anders. Die Brüder wollen sich gerade zum Essen hinsetzen, da bemerken sie, dass der Topf mit der Insektenbrühe fehlt. August, Anton, Adam, Alfons und Axel laufen los, um den Topf zu suchen. Außer Karl ist niemand mehr im Bau, denn auch Mama und Papa haben sich auf die Suche nach dem Suppendieb gemacht. Nur Karl denkt gar nicht daran, den Topf zu suchen, denn er weiß, wo er ist. Karl holt ihn aus seinem Versteck und schlürft den ganzen Topf leer – bis auf den letzten Tropfen! Als August, Anton, Adam, Alfons und Axel hungrig von ihrer erfolglosen Suche zurückkommen, sehen sie den leeren Topf und ihren vollgefutterten Bruder Karl. August, Anton, Adam, Alfons und Axel sind böse, enttäuscht und traurig. Sie drehen sich um und reden von jetzt an kein Wort mehr mit Karl. Mama und Papa schimpfen ihn sogar richtig aus und Karl darf zur Strafe die Höhle nicht mehr verlassen.

In den nächsten Tagen bleibt Karl nun alleine in der Höhle zurück, wenn August, Anton, Adam, Alfons und Axel draußen sind. Zuerst ist Karl noch sehr sauer, denn seine Brüder sind ja selbst schuld, dass er die Suppe gegessen hat. Sie hätten ihn nur mitspielen lassen müssen. Nach einiger Zeit ändert sich seine Stimmung, er wird traurig und lässt nun seinen Kopf hängen. Als seine Mama das sieht, kommt sie zu Karl, um mit ihm zu reden. „Du hast August, Anton, Adam, Alfons und Axel sehr verärgert, als du die Suppe alleine gegessen hast." „Die haben mich auch verärgert, sie lassen mich nie mitspielen", antwortet Karl. Da erkennt seine Mama das Problem und schlägt Karl eine Lösung vor. „Du gehst jetzt raus und sammelst ganz viele Insekten. Ich zeige dir dann, wie du daraus eine leckere Insektenbrühe kochen kannst. Die servierst du dann August, Anton, Adam, Alfons und Axel."

Die Idee war wirklich klasse! Und so sucht Karl die besten Insekten, die er finden kann und kocht mit seiner Mama die beste Insektenbrühe, die sie je hatten. Als August, Anton, Adam, Alfons und Axel zum Mittagessen kommen, sind sie sehr überrascht, dass Karl ihnen das Essen serviert. Als sein Papa sich noch bei ihm bedankt, schauen August, Anton, Adam, Alfons und Axel Karl sprachlos an.

„Ich habe für euch diese leckere Suppe gekocht, weil ich mich entschuldigen möchte. Mit dem Verstecken der Suppe bin ich zu weit gegangen. Aber ich war so wütend, denn ihr lasst mich nie bei euren tollen Sachen mitspielen." Da erkennen August, Anton, Adam, Alfons und Axel, dass sie einiges falsch gemacht haben und geloben Besserung. Sie werden Karl jetzt mitspielen lassen und ihn auch mitnehmen. Denn mit der leckeren Insektenbrühe hat Karl ihnen gezeigt, dass er gar nicht mehr so klein ist, wie sie dachten.

Informationen

Die Klapperschlange

Klapperschlangen leben in heißem und trockenem Klima und müssen dort überleben können.

Ihre notwendige Flüssigkeit beziehen sie fast ausschließlich aus den Körpersäften ihrer Beutetiere. Viele Klapperschlangen haben sehr kleine Nasenöffnungen, um den Feuchtigkeitsverlust durch das Atmen auf ein Minimum zu reduzieren. Auch rasseln sie deshalb mit ihrer Schwanzspitze und zischeln nicht wie ihre Artgenossen aus anderen Gebieten. Denn mit Zischeln ginge ihnen wertvolle Feuchtigkeit verloren, da in der Atemluft, die zur Erzeugung des Geräusches verbraucht wird, viel Wasser enthalten ist.

An der Schwanzspitze einer Klapperschlange hängen lockere, hohle Hautschuppen, sogenannte Resthornglieder, ähnlich unseren Fingernägeln. Wenn sie klappert, schüttelt sie einfach den Schwanz hin und her, sodass die Schuppen gegeneinander schlagen. Wenn sie sehr aufgeregt ist, klappert sie 50- bis 60-mal in einer einzigen Sekunde und bis zu 3 Stunden lang. Von der Klapperschlange gibt es 29 Arten, die hauptsächlich in amerikanischen Trockengebieten leben. Ihre Feinde sind Füchse, Kojoten und Bussarde. Sogar eine andere Schlangenart macht Jagd auf sie. Es ist die Königsnatter, der das Gift der Klapperschlange nichts ausmacht. Die Klapperschlange ist eine der giftigsten Schlangen weltweit.

Die größte Klapperschlange ist die Diamantklapperschlange. Sie wird bis zu 2,4 m lang und kann bis zu 4,5 kg auf die Waage bringen. Die kleinste ist die Kantenkopf-Klapperschlange. In der Regel wird sie nicht größer als 50 cm und 100 g schwer.

Etwas Besonderes an der Klapperschlange sind noch ihre Zähne, die kann sie bei Bedarf alle paar Wochen nachwachsen lassen.

Klapperschlange aus Papprollen

Kreatives Angebot

Alter: ab 4 Jahren
Material: 5 Papprollen (Küchen-,Toilettenpapierrollen), Fingerfarbe (braun oder grün), Pinsel, schwarzer Filzstift, Kleber, Schere, Tonpapierreste, Schnur

So wird's gemacht:

- Jedes Kind bekommt fünf Papprollen, die es mit hellbrauner oder grüner Fingerfarbe bemalt. Nach dem Trocknen zeichnet es auf vier der Rollen mit dem Filzstift ein Muster.
- Aus der als Schwanzspitze vorgesehenen Rolle schneidet es gegenüberliegend etwa bis zur Mitte zwei Dreiecke aus.
- In eine Spitze macht es ein Loch und befestigt daran das Stück Schnur und zieht es durch die Rolle.
- Es fädelt alle vier Rollen auf diese Schnur.
- Die Rolle für den Kopf (ohne Muster) drückt es vorne einfach zusammen und klebt sie zusammen. Dabei kann die Schnur ruhig noch beweglich bleiben.
- Zum Schluss klebt es am Kopf noch Augen und eine Zunge an.

... und schon können die Kinder die Schlange hinter sich herziehen.

Tipp: Befestigen die Kinder am Schwanz der Schlange eine Kronkorken-Rassel.

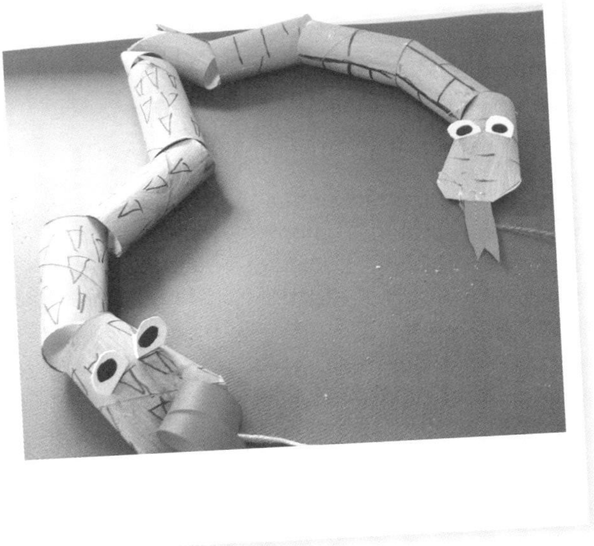

Kreatives Angebot

Rassel aus Kronkorken

Alter: ab 4 Jahren
Material: pro Rassel ca. 10 Kronkorken, Basteldraht, Klebeband/Kreppband, Nagel, Hammer, Zange

In die Kronkorken mit Hammer und Nagel jeweils ein Loch in die Mitte schlagen. Anschließend ca. zehn Kronkorken auf ein Stück Blumendraht von ca. 25 cm Länge auffädeln. Die beiden Enden miteinander verdrehen und mit Klebeband/Kreppband umwickeln, damit durch die Drahtenden keine Verletzungsgefahr bei den Kindern besteht.

Tipp: Alternativ können auch Knöpfe aufgefädelt werden.

Klappi, die Klapperschlange

Mitmachgeschichte

Alter: ab 3 Jahren
Material: für jedes Kind 1 Rassel aus Kronkorken (s. o.)

Jedes Mal, wenn die Wörter Klappi, Schlange oder Klapperschlange in der Geschichte vorkommen, „klappern" die Kinder mit ihrer Rassel.

Heute erzähle ich euch eine Geschichte von einer **Schlange** *mit Namen* **Klappi**. *Geboren wurde* **Klappi** *in der Wüste, mitten in Afrika. Doch* **Klappi** *ist nicht irgendeine* **Schlange**, *sie ist eine* **Klapperschlange**, *die wie alle* **Klapperschlangen** *mit ihrem Schwanz klappern kann. Ihr Zuhause ist ein langer Erdtunnel, den* **Klappi** *sich selbst in den Sand gegraben hat.*

Klappi *liegt tagsüber, wenn die Sonne sehr heiß vom Himmel scheint, immer in diesem Tunnel – das musste so sein! Für* **Klappi** *ist dies eine goldene Regel, die sie stets einhält.*

Denn einmal, als sie noch jung und unerfahren war, hat sie diese Regel nicht bedacht. Da hat **Klappi** *etwas gemacht, das sie nie vergessen wird.*

Als **Klappi** *erst ein paar Tage alt war, lebte sie noch bei Mama und Papa und war ein sehr neugieriges* **Schlangen***kind. Eines Morgens wachte sie schon vor den Eltern auf, da kroch* **Klappi** *aus dem Tunnel und schlängelte sich durch den Wüstensand.* **Klappi** *gefielen die Spuren sehr, die sie mit ihrem* **Schlangen***körper im Sand hinterlassen konnte. So entfernte sich die kleine* **Schlange** *– und sie war ja noch fast eine Babyschlange – immer weiter weg von Zuhause durch den Sand. Die* **Klapperschlange** *kroch um Büsche und kroch über Steine hinweg. Dabei musste sich* **Klappi** *sehr anstrengen. Die Sonne wärmte* **Klappi** *so schön.*

Doch mit der Zeit schien die Sonne nicht mehr nur warm, sie brannte sehr heiß auf die **Schlange** *hinunter.* **Klappi** *wurde es richtig unwohl in ihrer* **Schlangen***haut. Sie schaute sich um ja, wo war sie denn?* **Klappi** *erkannte nichts in dieser Gegend. Überall sah* **Klappi** *nur Sand. Sie hatte sich verirrt.*

Da fiel der kleinen **Schlange** *auch die Regel wieder ein, die Mama und Papa für sie aufgestellt hatten: „***Klappi***, entferne dich nie zu weit von unserem Tunnel und sei zurück, wenn die Sonne heiß vom Himmel scheint." Oh je,* **Klappi** *schaute nach oben, die Sonne schien sehr heiß vom Himmel, sie hatte nicht mehr an die Regel gedacht.* **Klappi** *wusste gar nicht, wohin sie kriechen sollte. Sie drehte ihren* **Schlangen***kopf nach links und dann nach rechts – überall war nur Sand.*

Doch plötzlich bewegte sich in der Ferne etwas auf **Klappi** *zu, eine große, lange* **Schlange**. *Als die* **Schlange** *näher kam, erkannte* **Klappi** *sie, es war ihre Mama! Als die Mama neben* **Klappi** *war, steckte* **Klappi** *ihren* **Schlangen***kopf tief in den Sand, denn* **Klappi** *wusste, was jetzt kommen würde. Die Mama würde sie kräftig ausschimpfen!*

Doch die Mama schimpfte nicht, sie stupste **Klappi** *an, damit sie sich auf ihren* **Schlangen***körper legte und kroch mit ihr zurück in den Tunnel. Das machte sie, damit* **Klappi** *ganz schnell aus der heißen Sonne in den Schatten kam.*

Erst im Tunnel sagte die Mama zu **Klappi***: „Ich hoffe, du machst das nie wieder, denn du bist noch eine kleine* **Schlange** *und kennst dich draußen noch nicht aus. Du hast bestimmt die heiße Sonne auf deinem kleinen* **Schlangen***rücken gespürt! Also bleib bitte im Tunnel, wenn die Sonne so heiß scheint! Und merke dir, das ist deine Regel Nummer 1 und für dich überlebenswichtig, damit die Sonne dir keinen Schaden zufügen kann."*

Jetzt ist **Klappi** *eine große* **Klapperschlange**, *aber sie hält sich immer noch an diese Regel.* **Klappi** *denkt auch daran, dass sie, wenn sie mal eigene* **Schlangen***kinder hat, ihnen diese wichtige Regel beibringt. Denn in der Wüste, ist das eine sehr wichtige Regel für kleine* **Klapperschlangen.**

Bewegungsgeschichte

Klappi ist zu Besuch

Alter: ab 3 Jahren
Material: 1 Springseil, 1 Tisch mit 2 Stühlen

Die Bewältigung dieser Aufgabe stärkt das Selbstbewusstsein jedes einzelnen Kindes und fördert zugleich das Gefühl der Gruppenzugehörigkeit.

Die Kinder kommen in einem Kreis zusammen und zu Beginn wird die Geschichte einmal vorgelesen. Anschließend bilden die Kinder eine Schlange und spielen die Bewegungsgeschichte mit einem Seil nach. Während des Spiels ist es wichtig, dass alle Kinder aufeinander achten und gemeinsam den Weg zurücklegen

Die Springseile werden verteilt, an einem Seil können sich bis zu fünf Kinder festhalten.

Die Regeln werden besprochen: Alle Kinder müssen sich an dem Seil festhalten, gehen gemeinsam den Weg als Schlange und nehmen Rücksicht aufeinander.

Tipp: Besonders schön ist es, wenn die Schlange aus Kindern unterschiedlichen Alters besteht.

Heute erzähle ich euch von Klappi. Geboren wurde Klappi in der Wüste, mitten in Afrika. Klappi ist eine mutige Schlange. Sie besucht uns heute und möchte dabei neugierig unser Zimmer erkunden.

Zuerst schaut sich Klappi ganz genau in unserem Zimmer um. Dabei dreht sie ihren Kopf nach links und nach rechts.

Die Kinder drehen ihren Kopf erst nach links, dann nach rechts.

Langsam schlängelt sie sich durch den Raum, in einer Ecke schaut sie sich um.

Die Kinder gehen langsam in eine Ecke und blicken sich um.

Dort gibt es nichts für Klappi zu entdecken, deshalb schlängelt sie sich rückwärts aus der Ecke.

Die Kinder gehen die Schritte rückwärts.

Klappi kriecht unter einem Tisch hindurch, der ihr wie ein Tunnel vorkommt.

Die Kinder krabbeln unter einem Tisch hindurch.

Den Tisch schaut Klappi sich genauer an und kriecht einmal um ihn herum.

Die Kinder laufen um einen Tisch herum.

Da stehen ihr zwei Hindernisse im Weg, über die sie kriechen muss.

Die Kinder klettern über zwei Stühle, die hintereinander stehen.

Langsam wird Klappi müde und sucht sich einen schönen Platz, an dem sie sich ausruhen kann.

Die Kinder gehen im Zimmer umher, um sich einen Ruheplatz zu suchen.

Klappi hat einen geschützten Platz gefunden. Sie rollt sich eng zusammen und schläft sofort ein.

Die Kinder legen sich eng aneinander auf den Boden.

Tipp: Wie sich die Schlange durch den Raum bewegt, sollte auf den Gruppenraum abgestimmt sein. So kann Klappi zum Fenster gehen oder in die Puppenecke. Klappi kann auch das Außengelände der Einrichtung „besuchen".

Zum Abschluss kommen die Kinder wieder zusammen und besprechen, was für Schwierigkeiten es gab, sich gemeinsam als Schlange durch den Raum zu bewegen. Was musste das erste Kind in der Reihe, der Schlangenkopf, beachten?

- Der „Schlangenkopf" führt die anderen.
- Er gibt das Tempo vor.
- Er muss darauf achten, dass niemand das Seil loslässt.

Die Geschichte mit einem anderen Kind an der Spitze wiederholen.

Die Schlange Frings

Fingerspiel

Alter: ab 2,5 Jahren

Das ist die kleine Schlange Frings.
Den Daumen der rechten Hand an die Finger legen, damit es wie ein Schlangenkopf aussieht
Sie schlängelt sich nach links.
Hand nach links
Sie schlängelt auf deine Nase zu.
Hand zur Nase führen
Da macht sie das Maul weit auf, schnell wieder zu und lässt deine Nase in Ruh.
Den Daumen weg strecken und wieder an die Finger legen
Sie schlängelt sich nach unten.
Hand nach unten führen.
Und ist dann ganz schnell verschwunden.
Hand hinter den Rücken nehmen.
Doch dann kommt sie hervor
Hand wieder zeigen.
und legt sich wie ein Schlauch auf deinen Bauch.
Hand auf den Bauch legen.
Da liegt sie faul und träge, sie schnarcht wie eine Säge.

Schnarch-Geräusche machen.

He, Schlange, aufgewacht, reck dich streck dich!

Hand auf und zu machen.

Du musst jetzt wieder weiterziehen und ich sag dir auf Wiedersehen!

Rechte Hand geht auf die Seite und die linke Hand winkt.

Fantasiegeschichte

Der traurige Kaktus

Alter: ab 4 Jahren

Mitten in einer großen Wüste wuchs ein riesengroßer Kaktus. Er stand dort ganz alleine. Er hatte keine Freunde und niemanden, mit dem er reden konnte. Das machte ihn sehr traurig.

Nur einmal Jahr, immer dann, wenn es geregnet hatte, dann war alles anders. Wie ein Wunder erblühte alles um ihn herum für sehr kurze Zeit. Dann war ein Geschnatter und ein Gerede zu hören, dass er gar nicht wusste, wohin er zuerst hören sollte. Aus der Erde wuchsen die prächtigsten Blumen in den schillerndsten Farben. Sie anzusehen, machte den Kaktus glücklich.

Wenn die Blumen nicht da waren, war alles um ihn herum nur eintönig braun und sandig. So ging es Jahr ein und Jahr aus. Er stand die meiste Zeit alleine da.

Und auch dann, wenn die vielen Blumen erblühten, blieb er alleine, denn sie beachteten ihn nicht. Sie redeten nur miteinander darüber, wie heiß die Erde für ihren Samen ist, dass das Wasser so wohltuend ist und was sie in der Erde geträumt hatten.

Als alle Blumen wie jedes Jahr wieder mal verschwunden waren, nahm der Kaktus sich vor: „Beim nächsten Mal mache ich mich bemerkbar. Ich rufe laut und sage den Blumen, dass ich auch da bin."

Der nächste große Regenschauer kam und ging über der Wüste nieder. Innerhalb kürzester Zeit blühte und grünte alles und wieder beachtete keine der Blumen den Kaktus. Er holte tief Luft, erhob seine Stimme, wie er es sich vorgenommen hatte, und rief: „Hey ihr, schaut doch mal her, ich bin auch noch da." Sofort wurde es ganz still, alle Blumen schauten ihn an.

Der Kaktus dachte: „Wenn ich jetzt meine Farbe wechseln könnte, wäre ich nicht mehr grün, sondern rot vor lauter Verlegenheit." Doch statt ihn zu begrüßen oder mit ihm zu sprechen, wie er es sich vorgestellt hatte, fingen die Blumen an zu lachen und machen sich über ihn lustig. „Was bist du denn für eine Monsterblume!" „Schaut mal, wie hässlich der ist!" „Autsch, der hat ja Stacheln." So schallte es von allen Ecken zu ihm. Der große Kaktus dachte: „Wenn ich jetzt einen Wunsch frei hätte, dann würde ich ganz schnell loslaufen und mich verstecken." Doch leider konnte er nicht weg und musste mit anhören, wie die Blumen immer gemeiner zu ihm wurden. So hatte er sich das Treffen nicht vorgestellt! Er wurde sehr traurig und dachte für sich: „Hoffentlich sind sie bald wieder weg."

Doch plötzlich hob sich in all dem Stimmengewirr die Stimme einer Blume hervor: „Jetzt hört aber auf! Wie könnt ihr nur so gemein sein? Das macht ihr nur, weil ihr viele seid und er alleine ist. Dabei schaut ihn doch mal an! Er ist so schön grün, er ist riesig gewachsen – so groß sind wir alle zusammen nicht. Ich glaube nicht, dass er wie wir jedes Mal, wenn das Wasser verdunstet ist, verdorren muss. Er kann bleiben und wir müssen gehen!" Dankbar sah der Kaktus sich nach der Stimme um und entdeckte eine rote Blume, die sich ihm entgegenstreckte. „Danke", sagte er zu ihr. „Nix zu danken. Diesen eitlen Blumen muss es ab und zu gesagt werden, dass sie gemein und frech sind", antwortete die rote Blume.

„Darf ich dich mal etwas fragen? Wie ist es so, das ganze Jahr hier zu stehen? Wenn ich in der Erde liege, ist mir meist so langweilig! Immer muss ich warten, bis ein Regen kommt.“ „Mir geht es leider nicht besser“, antwortete der Kaktus. „Ich stehe hier ganz alleine und warte auch, dass der Regen kommt. Wenn ihr Blumen erscheint, habe ich wenigstens etwas Abwechslung. Ansonsten pfeift nur der Wüstenwind sein Lied“, sprach der Kaktus. „Mensch, da haben wir ja etwas gemeinsam! Du langweilst dich hier auf der Erde und ich langweile mich in der Erde. Wenn wir uns doch bloß gemeinsam langweilen könnten! Aber leider geht das nicht, ich brauche ja Wasser zum Wachsen!“, sagte die Blume.
„Mit Wasser könnte ich dienen. Ich habe in mir einiges an Wasser gespeichert, das brauche ich nicht alles für mich alleine“, erwidert der Kaktus. „Da komme ich leider nicht dran“, bedauerte die Blume und sie hörten auf, darüber zu sprechen. Solange die Blume da war, erzählten sie sich ihre Träume und Erlebnisse. Sie erfanden auch Geschichten. Der Kaktus war nur noch glücklich und gar nicht mehr traurig.

Doch die Zeit verging wie ihm Flug und die rote Blüte musste sich verabschieden. „Dann bis zum nächsten Mal“, sagte sie und der Kaktus versprach: „Ich warte hier auf dich.“

So verging einige Zeit, bis der nächste Regen kam und die rote Blume ihren großen Freund, den Kaktus, freudig begrüßte. „Gut, dass du wieder da bist“, rief der Kaktus ihr entgegen. „Ich habe eine Idee, ich weiß, wie du nicht mehr gehen musst.“ „Wie denn?“ „Als du das letzte Mal verschwunden bist, habe ich gesehen, was mit dir passiert ist. Es blieb von dir nur noch dein Samen übrig und mit dem hast du dich am Sand festgekrallt. Als der Wüstenwind Sand durch die Luft geblasen hat, hast du dich von diesem Sand zudecken lassen. Doch wie wäre es, wenn du dich das nächste Mal nicht am Sand festkrallst, sondern loslässt. Du lässt deinen Samen vom Wüstenwind zu mir tragen und setzt dich auf mich. Ich gebe dir dann Wasser und du kannst wieder wachsen und bleiben, weil ich dir ständig Wasser abgebe.“ Der Kaktus strahlte nach dieser langen Rede die rote Blume an und diese überlegte nicht lange. „Ich habe zwar etwas Angst, dass das, was du vorschlägst, nicht funktioniert, aber ich will mutig sein und es versuchen.“ So malten sie sich in den nächsten Tagen aus, wie sie sich ihr Zusammenleben vorstellen und was sie sich dann alles erzählen könnten. Dabei wuchs die Vorfreude immer mehr. Als es soweit war, verdorrte die Blume, bis nur noch ihr Samen übrig blieb. Und wie sie es besprochen hatten, krallte sie sich dieses Mal nicht am Sand fest, als der Wüstenwind kam, sondern sie ließ los und ließ sich zum Kaktus tragen.

Der Kaktus rückte seine Stacheln etwas zur Seite, damit der Samen auf ihm landen konnte und versorgte ihn auch zugleich mit Wasser. Da wuchs die Blume und als sie sich voll entfaltet hatte, war die Freude riesig. Sie lachten und lachten, denn beide wussten: „Jetzt wird es nie wieder langweilig!“

So kommt es, dass heute mitten in der riesigen Wüste ein riesengroßer Kaktus mit einer winzigen roten Blüte zusammenlebt.

Kreatives Angebot

Kaktus

Alter: ab 3,5 Jahren
Material: Tonkarton (grün), Bleistift, Schere, schwarzer Stift, rotes Tonpapier, Lineal, Kopiervorlage 8 (Anhang S. 107)

So wird's gemacht:

- Für einen Kaktus die Vorlage zweimal auf den grünen Tonkarton übertragen.
- Die Kinder schneiden beide Teile aus. Wurde nicht kopiert, ziehen sie – wie auf der Vorlage gezeigt – eine Mittellinie, messen genau die Hälfte ab und markieren diesen Mittelpunkt bei beiden Teilen.
- Eine Kaktushälfte schneiden sie von oben bis zur Mitte, die andere von unten bis zur Mitte ein.
- Mit dem schwarzen Stift versehen die Kinder beide Teile mit kurzen Strichen als Stacheln.
- Stecken sie den Kaktus zusammen, bleibt dieser nun von alleine stehen.
- Wer möchte, kann dem Kaktus ein oder zwei Blüten aus buntem Tonpapier basteln.

Pflanzen brauchen Wasser

Versuch

Alter: ab 4 Jahren
Material: 2 gleiche Blumen, 1 Glas, Wasser

Ohne Wasser vertrocknen Pflanzen, ohne Wasser können sie nicht wachsen. Durch diesen Versuch erkennen die Kinder, wie wichtig Wasser für Pflanzen ist.

Die Kinder stellen eine der beiden Blumen in ein Glas Wasser und legen die andere Blume daneben. Am nächsten Tag sehen sie nach und stellen fest: Die Blume ohne Wasser ist schon etwas welk und die Blume im Wasserglas ist noch schön. Die Kinder beobachten die Blumen noch drei weitere Tage.

Rose von Jericho

Versuch

Alter: ab 3 Jahren
Material: 1 Teller, Wasser, 1 Rose von Jericho (zusammengerollt und trocken)

Die Kinder erleben bei diesem Angebot ein kleines Naturwunder!

Die Kinder legen die trockene Rose von Jericho auf einen Teller und gießen Wasser auf die Pflanze. Schon nach wenigen Minuten öffnet sich die scheinbar völlig vertrocknete Knolle. Ihre Blätter und Zweige erwachen zu neuem Leben. Die Triebe entfalten sich und werden von der Mitte her immer grüner. Je nach Art kann es 60–90 Minuten oder auch mehrere Stunden dauern, bis die Wüstenrose ihre volle Pracht zeigt. Dabei können die Kinder zusehen, wie sie sich ausbreitet und grün wird. Währenddessen verbreitet die Rose von Jericho ein angenehm frisches und würziges Aroma und sorgt für sehr gute Atemluft im Zimmer. Wenn sie voll erblüht ist, wird das Wasser vom Teller entfernt. In den folgenden Tagen die Pflanze täglich mit etwas frischem Wasser gießen.

Nach einer guten Woche braucht die Rose von Jericho wieder eine Ruhepause. Um Schimmelbildung zu vermeiden, bekommt sie kein Wasser mehr. Daraufhin schließt sie sich allmählich wieder zu einem kleinen Ball und trocknet langsam aus. Dieser Vorgang kann vom Aufblühen bis zum wieder Austrocknen jederzeit wiederholt werden.

Informationen

Die **Rose von Jericho** ist eine Wüstenpflanze. Im Grunde ist sie wie jede andere Pflanze auf der Erde: Sie wächst in der Erde und vermehrt sich wie jede andere auch. Das macht sie so lange, bis der Boden nicht mehr genug Nährstoffe hergibt und kein Wasser mehr da ist. Ist dieser Zeitpunkt gekommen, zieht die Rose von Jericho ihre Wurzeln aus dem Erdreich zurück und trocknet zu einem Ball zusammen.

So getrocknet lässt sie sich vom Wind über den Wüstenboden treiben, bis sie in einer Umgebung angekommen ist, wo sie wieder wachsen und sich verbreiten kann.

Allerdings fassen diese Pflanzen keineswegs immer gleich dort Fuß, wo sie liegen bleiben. Also müssen sie irgendwie spüren, ob der Boden für sie geeignet ist und ob sie auf ihm wachsen können.

Den Großteil des Jahres über hat die Rose von Jericho bräunliche Blätter und Stängel. Sie hat sich knäuelförmig zusammengerollt und wirkt verwelkt.

Sobald aber Regen fällt, breitet sich die Pflanze wie eine Rosenblüte aus und wird grün. Da die Pflanzen im ausgetrockneten Zustand ungewöhnlich lange überleben, können sie sehr alt werden.

Wasser in der Wüste gewinnen

Versuch

Alter: ab 4 Jahren
Material: 1 flache Schale, durchsichtige Plastikfolie (Geschenkfolie), 1 Pflanze (z. B. Grünlilie), 4 größere Steine, 1 kleiner leichter Stein

In der Wüste ist es am Tag glühend heiß und trocken. Wie es möglich ist, Wasser in der Wüste zu gewinnen, zeigt dieses Experiment den Kindern an einem heißen Sommertag.

So wird's gemacht:
Die Kinder graben ein Loch im Sandkasten (ca. 40 cm tief und 40 cm breit). Das Loch sollte über längere Zeit direkte Sonneneinstrahlung haben. In die Mitte des Loches stellen sie die flache Schale, daneben die Pflanze, die sie noch einmal ausreichend gießen. Das Loch decken die Kinder mit der Plastikfolie ab und fixieren sie mit den vier Steinen. In die Mitte der Folie – direkt über der Schale – legen sie den kleineren Stein, damit die Folie hier ein wenig durchhängt.

Die Kinder warten etwa 1–2 Stunden und beobachten, was passiert: Zuerst beschlägt die Folie, danach bilden sich kleine Wassertropfen, die an der Folie entlang zur Mitte laufen und dann in die Schale tropfen.

Erklärung:
Die Pflanze nimmt durch ihre Wurzeln Wasser auf und gibt es durch die Blätter wieder ab. Wegen der Plastikfolie kann das Wasser nicht in die Luft steigen und bleibt an der Plastikfolie hängen. Weil die Folie über der Schale durchhängt, bilden sich Wassertropfen, die zur Mitte laufen und in die Schale tropfen.

Tipp: Den Versuch können die Kinder mit einem nassen Kleidungstück wiederholen. Der Verlauf wird gleich sein wie bei der Pflanze: Das Wasser bzw. der Dampf kann nicht entweichen und sammelt sich in der Schale.

Bewegungsspiel

Die Karawane zieht durch die Wüste

Alter: ab 3 Jahren
Material: für jedes Kind 1 Tuch (ca. 80 x 80 cm)

Jedes Kind bekommt vor dem Spiel ein Tuch, das es zu den Ansagen der Spielleitung richtig einsetzen muss.

Heute ziehen wir als Karawane durch die Wüste.

Die Kinder laufen hintereinander durch den Bewegungsraum.

Der Wind ist angenehm und warm. Der Wind wird immer heftiger und bringt immer mehr Sand mit. Kommt, wir müssen uns vor dem Sandsturm schützen:

Die Kinder legen sich alle auf den Boden und decken sich mit ihrem Tuch zu.

Der Sturm hat sich gelegt und wir ziehen weiter.

Die Kinder stehen auf und laufen wieder hintereinander durch den Bewegungsraum.

Es ist heiß und die Sonne brennt erbarmungslos. Wir müssen unsere Köpfe schützen.

Die Kinder legen sich ihr Tuch auf den Kopf.

Seht ihr die Palmen da vorne? Die geben uns etwas Schatten. Lasst uns hier eine Pause/Rast einlegen.

Bei „Rast oder Pause" legen alle das Tuch auf den Boden und setzen sich darauf.

Auf, wir müssen weiter. Wir haben noch einen weiten Weg bis zum Nachtlager vor uns.

Die Kinder laufen wieder hintereinander durch den Bewegungsraum.

Seht ihr da oben das Flugzeug?

Bei dem Wort „Flugzeug" bleiben alle stehen und winken mit dem Tuch.

Hinweis:
Dieses Spiel kann auch als Ausscheidungsspiel gespielt werden, hier scheidet immer das Kind aus, das als letztes die neue Bewegung ausführt oder seinen Platz eingenommen hat.

Urlaub: Sommer, Sonne, Ferienspaß

Brainstorming

Wir fahren in den Urlaub

Alter: ab 3 Jahren
Material: Plakat, Stifte, Reiseprospekte

Kommen Sie mit den Kindern zu einem Gesprächskreis zusammen. Stellen Sie die Frage: „Was ist Urlaub?"

Im folgenden Gespräch erzählen die Kinder alles, was ihnen zum Thema Urlaub einfällt. Gesprächsanregungen sind:

- Wie komme ich zu meinem Urlaubsziel?
- Welche Urlaubsziele gibt es?
- Wo fahren wir in Urlaub hin?
- Wo war ich schon im Urlaub?
- Was muss ich mitnehmen?

Halten Sie alles gemeinsam auf einem Plakat fest. Dabei können Sie die Reiseprospekte nutzen.

Geschichte

Lukas fliegt das erste Mal

Alter: ab 3 Jahren

Heute ist ein ganz besonderer Tag. Lukas wird zum ersten Mal in den Urlaub fliegen. Eigentlich fliegt nicht er, sondern das Flugzeug, in dem er sitzt. Er ist so aufgeregt und kann es nicht mehr erwarten. Er hat schon so viel von Flugzeugen gehört und er hat auch schon viele am Himmel gesehen, aber in einem gesessen ist er noch nie. Deshalb fragt er seine Mama ungeduldig: „Wann geht es endlich los?"

„Gleich", antwortet Mama, „du kannst ja in der Zwischenzeit schon deinen Kuschelhasen holen, den möchtest du doch bestimmt mitnehmen. Und erzähle ihm gleich, was du heute mit ihm vorhast!" Lukas holt seinen Hasen und erklärt ihm: „Also, Hasi, hör mir mal gut zu. Gleich fahren wir in den Urlaub. Aber nicht mit dem Auto, wir fliegen mit einem Flugzeug! Ganz hoch in die Luft, bis in die Wolken. Was sagst du? Nein, Hasi, du brauchst keine Angst haben. Das wird

ganz schön. Im Flugzeug können wir auch spielen, essen und aus dem Fenster sehen. Das macht ganz viel Spaß und ich passe doch auch auf dich auf."

Dann geht es wirklich los. Nach einer guten Stunde Autofahrt steht Lukas endlich in der Abflughalle des Flughafens. „Oh, ist der Flughafen aber groß", staunt Lukas, drückt seinen Kuschelhasen ganz fest an sich und fragt: „Darf ich mir alles ansehen?" „Erst, wenn wir die Koffer abgegeben haben", antwortet sein Papa. „Dürfen wir die Koffer denn nicht mitnehmen?", will Lukas wissen. Sein Papa muss lachen: „Wir nehmen die Koffer schon mit, aber sie kommen in einen extra Gepäckraum im Flugzeug, wie im Auto in den Kofferraum." Sie stellen sich hinten an einer langen Schlange von Menschen an. „Kommen die Leute hier alle mit uns in das Flugzeug?", fragt Lukas neugierig. „Alle, die hier in dieser Reihe stehen", antwortet zur Abwechslung dieses Mal seine Mama. „Da passen ja mehr Leute rein als in einen Bus", stellt Lukas fest. „Genau", sagt die Mama, „das Flugzeug ist viel, viel größer." Endlich können Mama und Papa die Koffer abgeben, seinen Kuschelhasen darf Lukas behalten. Hasi darf im Flugzeug bei ihm bleiben. Jetzt ist etwas Zeit für die drei, sich die große Halle anzusehen. So viele Menschen laufen mit ihren Koffern oder auch ohne durch die Halle. „Die wollen alle heute noch mit einem Flugzeug fliegen?", fragt Lukas. „Ja, die Flugzeuge starten und landen hier den ganzen Tag." So geht Lukas mit seinen Eltern durch die riesige Abflughalle des Flughafens, bis sie sich an der nächsten Menschenreihe anstellen müssen. „Warum stehen wir schon wieder an?", mault Lukas etwas genervt, denn viel lieber möchte er weiter durch die Halle laufen. „Das wirst du gleich sehen", antwortet ihm sein Papa. Sie kommen an ein Förderband mit einem großen Tunnel in der Mitte. „Hier müssen wir unseren Rucksack, die Jacken und auch deinen Kuschelhasen drauflegen", sagt jetzt der Papa, „die Sachen werden dann in dem Tunnel durchleuchtet, damit niemand verbotene Sachen mit ins Flugzeug nehmen kann."

Lukas schaut misstrauisch, als sein Hasi in dem Tunnel des Förderbandes verschwindet. Hinter dem Band sitzt ein Mann an einem Bildschirm und Lukas darf einmal auf diesen Schirm schauen. „Da ist ja mein Kuschelhase", ruft er aufgeregt, „und der Fotoapparat und die Bücher aus Papas Rucksack." Lukas geht zum Ende des Förderbandes, dort kommen alle Sachen wieder an, auch sein Kuschelhase.

Lukas nimmt ihn sofort auf den Arm und sagt zu ihm: „Siehst du, das war gar nicht schlimm, das Durchleuchten." Stolz marschiert er neben Mama und Papa weiter, bis sie in eine Halle mit vielen Geschäften kommen. Mama und Papa kaufen für Lukas etwas zu trinken und schauen sich die Auslagen in den vielen Schaufenstern an. Dann gehen sie weiter zu einer großen Wartehalle. Durch eine riesige Glasscheibe kann Lukas das Flugzeug, mit dem sie gleich fliegen, zum ersten Mal sehen. „Ist das aber groß", staunt Lukas, so groß hatte er sich das Flugzeug nicht vorgestellt. „Kann das wirklich fliegen?", fragt er skeptisch. „Ganz sicher", antwortet ihm seine Mama, „wenn es kleiner wäre, dann würden wir da ja nicht alle hineinpassen." Lukas zeigt Hasi das Flugzeug: „In das große Flugzeug steigen wir gleich ein." Sie gehen durch einen langen Tunnel direkt in das Flugzeug. „So viele Sitze", sagt Lukas erstaunt, „und ich darf einen für mich ganz alleine haben?" „Ja", gibt ihm der Papa zur Antwort, „diese Reihe hier ist für uns alleine. Möchtest du am Fenster oder zwischen Mama und mir sitzen?"

„Am Fenster", entscheidet sich Lukas. Das Flugzeug ist wirklich groß und er macht sich immer noch Gedanken, ob es denn auch wirklich fliegen kann.

Alle drei setzen sich auf ihren Platz und schnallen sich an. Der Sitz ist so groß, dass Hasi noch neben Lukas sitzen kann. Bald darauf sind alle Leute ins Flugzeug eingestiegen und sitzen auf ihren Plätzen. Die Tür wird geschlossen und das Flugzeug wirft seine Triebwerke an. Die Stewardess geht am Gang entlang und schaut, ob auch jeder angeschnallt ist, danach gibt sie einige Sicherheitshinweise, denen Lukas aufmerksam zuhört. Zuerst rollt das Flugzeug ganz lang-

sam in Richtung Startbahn und dann geht es los, es rollt immer schneller und schneller über die Startbahn, dabei hoppelt es ein wenig und macht auch ganz schön Krach. Lukas wird etwas in seinen Sitz gedrückt und ganz plötzlich hört das Hoppeln auf und es wird viel ruhiger im Flugzeug.

„Fliegen wir jetzt?", will Lukas wissen. „Ja, wir fliegen", antwortet er sich selbst, „die Häuser und Autos werden immer kleiner." Er hält Hasi ans Fenster: „Siehst du, Hasi, wir fliegen!" „Schau mal Papa, die Wolken sind so nah, dass man sie beinahe berühren kann." Er kann seinen Blick nicht mehr vom Fenster abwenden, so spannend findet er es über den Wolken zu sein. Wenig später gibt es etwas zu essen. „Habt Ihr hier im Flugzeug etwa eine Küche?", fragt Lukas die Stewardess. „Ja, natürlich! Möchtest du sie einmal sehen?", lädt die freundliche Dame ihn ein. Lukas steht begeistert auf und geht mit der Stewardess durchs Flugzeug in die Küche. Natürlich ist die Küche in dem Flugzeug viel kleiner als zu Hause und es gibt auch keinen Herd. Das Essen wird nämlich schon fertig an Bord gebracht und die Stewardessen müssen es nur noch erwärmen. Dann fragt sie Lukas: „Sag mal, Lukas, würdest du gern einmal den Piloten beim Fliegen zusehen?" Das verschlägt Lukas die Sprache und er kann nur nicken. „Ja, dann komm mal mit. Ich bringe dich hin", antwortet die Stewardess und beide laufen im Flugzeug bis ganz nach vorn. Das hat sich Lukas in seinen kühnsten Träumen nicht vorstellen können. Er steht hinter den Piloten und darf zusehen, wie sie das Flugzeug steuern. Lukas sagt: „Oh je, sind das viele Schalter, Knöpfe und Lämpchen." Die Piloten lächeln ihm freundlich zu und die Stewardess bringt ihn zurück zu seinem Platz. „Na, hat es dir gefallen?", fragt die Mama und Lukas antwortet: „Und wie! Stellt euch vor, ich durfte zu den Piloten ins Cockpit." Lukas schaut wieder aus dem Fenster, bis seine Augen vor lauter Müdigkeit zufallen und er einschläft. Als er wieder erwacht, beginnt gerade der Sinkflug. Langsam werden wieder Häuser sichtbar und immer größer. Und mit einem kleinen Hopser setzt das Flugzeug auf der Landebahn auf. Langsam rollt es zu seinem Landeplatz und alle Menschen steigen aus. Lukas strahlt seine Mama und seinen Papa an. „Fliegen ist toll, dass könnte ich jeden Tag machen! Ich freue mich schon jetzt auf unseren Flug nach Hause. Du doch auch, nicht wahr, Hasi?"

Kreatives Angebot

Flugzeug basteln

Alter: ab 4 Jahren
Material: Küchenpapierrolle, weißer Tonkarton, verschiedene Fingerfarben, Pinsel, Schere, Kleber, Filzstifte

So wird's gemacht:

Aus dem weißen Tonkarton für die Tragflächen aus einem 6X10 cm großen Rechteck zwei Dreiecke ausschneiden.

Für die Heckflosse ein weiteres Dreieck zeichnen (wie bei den Tragflächen, nur mit einer Grundlinie von 5 cm und einer Höhe von 5 cm) und ausschneiden.

Alle Dreiecke an den Grundlinien etwa 1 cm umknicken und 2 - bis 3 - mal einschneiden.

Die Knicke mit Kleber versehen und die Dreiecke auf der Küchenpapierrolle als Flügel und Heckflosse ankleben.

Aus dem weißen Tonkarton einen Halbkreis von einem Durchmesser von 12 cm aufzeichnen, ausschneiden, zu einer Spitze formen und vorne an der Rolle als „Schnauze" mit Kleber befestigen.

Die Kinder bemalen nun mit den Farben das Flugzeug nach ihren Vorstellungen.

Nach dem Trocknen versehen sie mit den Filzstiften das Flugzeug noch mit den Fenstern und anderen Details.

Kofferanhänger

Kreatives Angebot

Alter: ab 3 Jahren
Material: weißer Tonkarton, Bleistift, Lineal, Buntstifte, Schere, Laminierfolie und -gerät, Locher, reißfeste Schnur oder Band

Vorbereitung:
Zeichnen Sie 15 x 10 cm große Rechtecke auf den weißen Tonkarton.

Die Kinder schneiden sich aus dem Tonkarton jeweils ein Rechteck aus und schreiben bzw. lassen ihren Namen darauf schreiben. Mit den Stiften gestalten sie die Vorder- und Rückseite des Anhängers bunt aus.

Die fertigen Anhänger laminieren und mit einem Loch versehen. Durch das Loch eine reißfeste Schnur ziehen. Jetzt können die Kinder den Anhänger für die nächste Reise an ihrem Koffer befestigen.

Bewegungsspiel

Flugzeug-Spiel

Alter: ab 3 Jahren
Material: Musik, 1 Matte, für jedes Kind 1 Reifen

Vorbereitung:
Die Reifen im Raum verteilen. Jedem Kind soll dabei mind. ein Reifen als Landeplatz zur Verfügung stehen. Die Matte liegt in der Raummitte.

Die Kinder verwandeln sich in Flugzeuge und fliegen mit ausgebreiteten Armen zur Musik durch den Raum.

Stoppt die Musik, landen die Flugzeuge auf einem Flugplatz (Reifen).

Zunächst fliegen die Kinder beliebige Flugplätze an, allerdings wird ihnen die Art der Landung vorgegeben: Bauchlandung, auf dem Po, auf dem Rücken, auf den Händen, auf einem Fuß landen usw.

Abschlussspiel:
Alle Kinder starten von dem Zentralflughafen (Matte). Drumherum gibt es einen Flughafen (Reifen) weniger als Kinder mitspielen. Sobald die Musik beginnt, fliegen alle durch den Raum. Wenn die Musik stoppt, sucht sich jedes Kind einen Landeplatz (Reifen). Es gewinnt das Kind, das den letzten Reifen ergattert.

Geschichte

Ben fährt ICE

Für Ben ist heute ein ganz besonderer Tag, er freut sich auf einen ganz tollen Ausflug. Heute besucht er mit seiner Mama einen Bahnhof, um sich diesen genau anzusehen. Anschließend fahren sie mit einem Zug, aber nicht mit irgendeinem Zug, sondern mit einem ICE. Das ist der schnellste Zug, mit dem man fahren kann. Ben liebt Züge, er hat sich in seinen Bilderbüchern schon viele Züge angeschaut und auch einen Bahnhof hat er sich darin genau angesehen. Doch in echt war er noch nie da. Am Bahnhof angekommen, geht es zuerst an den Infoschalter. Dort wartet eine Frau in Uniform auf ihn. „Herzlich willkommen bei uns im Bahnhof, Ben", begrüßt sie ihn. „Ich bin Frau Hofer, ich zeige dir heute alles. Bist du schon einmal mit einem Zug gefahren?" „ Nein", antwortet Ben, „aber ich habe schon viel über den ICE gehört." „Weißt du, was ICE heißt?", fragt ihn Frau Hofer. Ben schüttelt den Kopf. „Das heißt InterCityExpress", erklärt sie. „Aber bevor wir in einen solchen Zug steigen, zeige ich dir den Bahnhof." Als erstes geht Frau Hofer mit Ben in einen Raum hinter dem Informationsschalter. Hinter einer Theke stehen Mitarbeiter, die die gleiche Kleidung tragen wie Frau Hofer. „Hier bekommen alle Leute Hilfe, die Hilfe brauchen", erzählt Frau Hofer. „Zum Beispiel Frauen mit Kinderwagen, die umsteigen müssen, ältere Herren, die ihr Gepäck nicht tragen können." „Auch Kinder?", fragt Ben. „Natürlich", antwortet ihm Frau Hofer. „Wir helfen auch Kindern, die alleine mit dem Zug unterwegs sind oder sich verirrt haben." Das findet Ben toll und toll findet er auch das Stellwerk, das Frau Hofer ihm als Nächstes zeigt. Von hier aus können sie durch eine große Scheibe alle Gleise des Bahnhofs überblicken und alle Züge sehen. Die Leute, die hier arbeiten, schauen allerdings nicht aus dem Fenster, sondern auf eine große Tafel, auf der viele Lichter leuchten. „Die Lichter sind die Züge", erklärt Frau Hofer. „Wir können hier genau erkennen, wo welcher Zug gerade fährt. Mit einem Knopfdruck stellen wir die Weichen." „Was heißt das?", fragt Ben. „Wir bestimmen, wohin der Zug fährt", sagt der Mann vor dem Schaltpult. Das findet Ben cool. Noch cooler findet er aber, dass Frau Hofer jetzt mit ihm zum Fahrkartenautomaten geht. „So, hier kannst du dir deine Fahrkarte holen. Wo soll es hingehen? Wann soll es losgehen? Wähle einen Zug aus, und zwar den ICE hier. Jetzt erscheint der Fahrpreis, den bezahlen wir und schon wird die Karte ausgedruckt." Ben hat sehr gut aufgepasst und denkt: „Das ist ja einfach, sich eine Fahrkarte zu kaufen." Frau Hofer erklärt ihm noch, dass jeder eine Fahrkarte braucht, um mit einem Zug fahren zu dürfen. Gemeinsam gehen sie zum Bahnsteig. Ein schöner weißer Zug mit der Aufschrift ICE wartet dort auf ihn und vor dem Zug steht seine Mama. „So, Ben, hier ist dein Zug. Ich hoffe der Rundgang durch den Bahnhof hat dir gefallen und ich wünsche dir eine schöne Fahrt mit diesem ICE", sagt Frau Hofer zum Abschied. Gemeinsam mit seiner Mama steigt Ben in den Zug und sucht sich sofort einen Fensterplatz. Als der Zug losfährt, winkt er Frau Hofer eifrig zu, bis der ICE beschleunigt und Frau Hofer nicht mehr zu sehen ist.

ICE basteln

Kreatives Angebot

Alter: Ab 4 Jahren
Material: weißer Tonkarton, schwarzes Tonpapier, gelber Papierrest, roter und weißer Stift, Schere und Kleber; Kopiervorlage 9 (Anhang S. 108)

So wird's gemacht:

- Die Kopiervorlage 2 x auf den weißen Tonkarton übertragen.
- Die Kinder schneiden die Grundkörper für Zug und Waggon aus.
- Die Lok und den Waggon kleben sie zu Schachteln zusammen.
- Dafür schneiden sie die Vorlagen an den gestrichelten Linien ein.
- Bei dem Führerhaus der Lok etwa 2 cm weiter einschneiden und den oberen an den unteren Teil kleben, so dass der Zug vorne geschlossen ist. Die Seitenteile des Führerhauses einfach entfernen oder knicken, die Klebekante etwas abrunden und ankleben. So erhält der Zug seine typische Schnauze.
- Dem ICE malen die Kinder seinen typischen roten Streifen im unteren Drittel der Seitenteile auf oder sie schneiden einen Streifen aus rotem Tonpapier und kleben ihn an. Dieser Streifen sollte an der Lok und am Waggon in der gleichen Höhe verlaufen.
- Über die roten Streifen kleben die Kinder schwarze Tonkartonstreifen (1 cm hoch und 13 cm lang) als Fenster auf und teilen mit dem weißen Stift noch die einzelnen Fenster ab.
- Das Sichtfenster des Lokführers ist ein ovaler Kreis.
- Unter diese Windschutzscheibe zwei rechteckige gelbe Lichter kleben.
- Den Waggon kleben die Kinder an der Lok an.

Tipp: Gestalten Sie mit den Kindern einen Gruppen-ICE. Nach der Lok bastelt jedes Kind einen Waggon und hängt diesen hinter der Lok an.

Spiellied Eisenbahn

Alter: ab 2,5 Jahren

Die Kinder kommen zu einem Kreis zusammen und singen gemeinsam das Lied „Klingeling, die Eisenbahn". Ein Kind spielt die Lokomotive und läuft zum Lied im Kreis. Bei „da nehme ich ... mit" stellt sich das Kind vor ein anderes und nennt dessen Namen. Dieses Kind darf sich nun hinter das Lok-Kind stellen und die Hände auf dessen Schultern legen.

Das Lied beginnt von neuem und wieder darf sich ein Kind als Waggon „anhängen".

Tipp: Damit die Kinder merken, dass sie wieder ihren Platz im Kreis einnehmen sollen, ändern Sie das Lied ab und sprechen: *„Klingeling, der Urlaub ist vorbei, drum gehen wir alle auf unseren Platz zurück."*

Klingeling, die Eisenbahn,
wer will mit in Urlaub fahrn?
Alleine fahren mag ich nicht,
da nehme ich die/den (Namen einfügen) mit!

Mitmach-geschichte Marco packt seine Reisetasche

Alter: ab 3 Jahren
Material: Reisetasche, Stofftier (Bär o. Ä.), Badehose, Schwimmflügel, Sonnenbrille, Sonnenkappe, Sonnencreme, Handtuch, Buch, Spiel, Spielfigur, Farbstifte, Schreibblock

Vorbereitung: Packen Sie alle Dinge aus der Geschichte in eine Reisetasche.

Die Kinder kommen zu einem Sitzkreis zusammen. Bevor Sie mit der Geschichte beginnen, stellen Sie die Reisetasche in die Mitte und leiten mit folgenden Fragen zur Geschichte über: „Was für ein Gegenstand steht hier in der Mitte? Wollt ihr auch gerne wissen, was sich darin versteckt?" Nacheinander darf jedes Kind einmal in die Tasche greifen und durch Ertasten einen Gegenstand erraten.

- Stimmt die Vermutung, darf es den Gegenstand herausnehmen und vor sich auf den Boden legen.
- Stimmt die Vermutung nicht, muss der Gegenstand wieder zurück in die Tasche.

Sind alle Gegenstände ausgepackt, beginnen Sie mit der Geschichte. Die Kinder müssen nun genau zuhören und aufpassen, denn sobald ihr Gegenstand in der Geschichte genannt wird, muss das Kind diesen zurück in die Reisetasche packen.

Heute war Abschiedstag in der Kita. Marco freut sich, denn Mama hat versprochen, dass sie gleich am Anfang der Kita-Ferien gemeinsam etwas ganz Tolles unternehmen. Dieses Jahr haben seine Eltern einen besonderen Urlaub geplant, sie fahren mit dem Auto nach Italien.

Als Marco nach Hause kommt, packt seine Mutter schon die Koffer. „Marco, hier habe ich für dich eine Tasche, packe dir alles ein, was du brauchst." Marco überlegt, was er unbedingt mitnehmen muss. Er schaut sich in seinem Zimmer um. Da entdeckt er seinen **Bären***, den will er auf jeden Fall mitnehmen, damit er nachts nicht so alleine ist. Also legt er ihn in die Tasche.*

Im Hotel gibt es ein Schwimmbad, in dem will er schwimmen und planschen.

Marco kramt in seinem Schrank nach seiner **Badehose.** *Da entdeckt er gleich noch seine* **Schwimmflügel.** *Die braucht er auch.*

Während er sich eifrig in seinem Zimmer umblickt, entdeckt er seine **Sonnenbrille.** *Die muss auch mit, damit ihn die Sonne nicht blendet. Aber dann darf er auch seine* **Sonnenkappe** *nicht vergessen, und wenn er schon dabei ist, die* **Sonnencreme** *muss auch mit. Da kommt seine Mutter ins Zimmer und sagt: „Prima, dass du an deine Badesachen gedacht hast, aber vergiss dein* **Badehandtuch** *nicht. Vielleicht nimmst du dir noch ein* **Buch** *mit, damit du während der Fahrt etwas zum Ansehen hast. Wir werden nämlich einige Stunden unterwegs sein!" Sie lässt Marco wieder alleine und er überlegt, was Mama gesagt hat: „Wir fahren einige Stunden mit dem Auto, hat sie gesagt. Da brauche ich noch mehr, um mich zu beschäftigen." Er steckt einen* **Block** *und* **Farbstifte** *in die Reisetasche. Vielleicht noch ein* **Spiel** *und eine* **Spielfigur** *. „Jetzt reicht es aber", denkt er und blickt auf die Reisetasche, in der jetzt schon viel eingepackt ist. Er schließt den Reißverschluss und trägt sie zum Auto. Sein Vater verstaut die Tasche im Kofferraum – und schon kann die Reise losgehen.*

Wiederholen Sie mit den Kindern, was Marco alles in seine Tasche gepackt hat, und führen Sie das Gespräch weiter aus: „Was hättet ihr an Marcos Stelle eingepackt?"

Eine Reise durch Europa

Erlebnisturnen

Alter: ab 4 Jahren
Material: für jedes Kind 1 Stuhl

Vorbereitung: Stellen Sie zwei Stuhlreihen mit einem kleinen Durchgang dazwischen als Flugzeug, Boot, Bus bzw. Eisenbahn auf.

Heute wollen wir eine Reise durch Europa machen. Europa ist einer der fünf Kontinente, außerdem gibt es noch Afrika, Asien, Amerika und Australien. In Europa liegt auch Deutschland und hier starten wir unsere Reise. Da wir nicht zu Fuß durch Europa reisen können, fliegen wir mit dem Flugzeug. Also, los geht's! Alle einsteigen.

Die Kinder setzen sich auf die Stühle.

Alle anschnallen, wir starten. Das Flugzeug steigt, fliegt eine Kurve und noch eine.

Die Kinder neigen sich auf ihren Stühlen mal nach rechts, mal nach links.

Zuerst fliegen wir von Deutschland nach Österreich. Dort möchte ich euch die Berge zeigen. Wir landen vor dem höchsten Berg. Wisst ihr was, den Berg, den erklimmen wir jetzt. Kommt, steigt aus!

Kinder stehen auf und treten auf der Stelle und laufen den Berg hoch.

Der Berg wird steiler.

Kinder lehnen sich beim Laufen nach vorne.

Und jetzt müssen wir klettern.

Kinder spielen klettern.

Geschafft, wir sind oben – ist das eine Aussicht!

Die Kinder schauen in alle Richtungen.

Wir müssen nicht wieder hinunter klettern, uns holt ein Hubschrauber hier ab. Alle einsteigen.

Die Kinder setzen sich wieder auf die Stühle.

Der Hubschrauber fliegt uns über Frankreich und nach Spanien.

Die Kinder machen Bewegungen auf den Stühlen, neigen sich bei Kurven nach rechts und links.

In Spanien landet unser Hubschrauber an einem wunderschönen Strand. Das Meer lädt uns zum Baden ein. Kommt mit.

Kinder „steigen" aus dem Hubschrauber.

Wir stürzen uns in die Wellen.

Kinder rennen durch den Raum und machen dabei Schwimmbewegungen. Dabei verschiedene Schwimmarten wie Brustschwimmen, Kraulen oder Rückenschwimmen ansagen.

Die Wellen sind richtig hoch, da können wir auch surfen.

Kinder spielen surfen. Dabei mit ausgebreiteten Armen auf der Stelle stehen und nur den Oberkörper bewegen.

Das war erfrischend. Nun geht's weiter, aber nicht mit dem Hubschrauber, sondern mit dem Bus. Alle einsteigen und los geht's nach Italien.

Kinder setzen sich auf die Stühle und der Bus fährt mal rechts und mal links oder über eine unebene Straße und die Kinder machen kleine Hopser auf den Stühlen.

Wir sind in Pisa angekommen. Wisst ihr was, in dieser Stadt steht ein schiefer Turm mit einer Wendeltreppe mit 293 Stufen! Da dürfen wir heute hochsteigen.

Kinder spielen Treppensteigen und gehen dabei im Kreis.

Klasse Aussicht. Doch ich habe jetzt Hunger! Und was isst man in Italien – Pizza. Also schnell die Stufen hinab und ins nächste Restaurant.

Kinder rennen durch den Raum, setzen sich und essen Pizza. Dabei erzählen sie sich, welchen Belag ihre Pizza hat.

Jetzt geht es aber weiter, in die Niederlande. Dahin fliegen wir wieder.

Kinder setzen sich wieder auf die Stühle und das Flugzeug startet.

In den Niederlanden fahren die Menschen gerne Fahrrad. Kommt, wir sehen uns die Niederlande mit dem Fahrrad an.

Alle Kinder legen sich auf den Rücken und beginnen in der Luft Fahrrad zu fahren, dabei mal langsam und dann wieder kräftig strampeln.

Aber jetzt genug gestrampelt. Weiter geht's nach Norwegen zum Skifahren im Sommer. Dorthin fahren wir mit dem Boot. Steigt also ins Boot und rudert.

Die Kinder setzen sich wieder auf die Stühle und rudern.

Wir sind angekommen. Kommt gleich hoch auf den Berg, die Ski anschnallen und los!

Kinder spielen Skifahren, gehen in die Hocke, beugen sich nach rechts und links.

Macht das Spaß! Wir können uns auch mal im Schnee rollen und kugeln.

Die Kinder legen sich auf den Boden und rollen sich.

Ich glaube, das reicht jetzt, wir fahren mit der Eisenbahn wieder zurück nach Deutschland.

Die Kinder setzen sich wieder auf die Stühle und die Eisenbahn fährt nach … (Wohnort der Kinder).

Alle Aussteigen, das war heute unsere Reise durch Europa. Ich hoffe es hat euch allen gefallen.

Die Kinder stehen auf und winken zum Abschied.

Ferien bei Oma und Opa

Geschichte

Alter: ab 4 Jahren

Heute war für Benny und Jenny der letzte Kindergartentag vor den Sommerferien. Beide freuen sich sehr auf die Ferien, denn sie dürfen alleine zu Oma und Opa fahren. Die Großeltern wohnen weit oben im Norden von Deutschland. Als sie nach Hause kommen, steht schon das Auto bereit, das sie zu den Großeltern bringt. Eine lange Fahrt liegt vor ihnen und sie kommen erst spät in der Nacht im kleinen Dorf an der Nordsee an. Nach einer herzlichen, aber kurzen Begrüßung fallen die beiden müde ins Bett. Als der Morgen kommt, beginnt „der Urlaub bei Oma und Opa", wie Benny stolz verkündet. Es ist für die Kinder gar nicht schlimm, dass sie in diesem Jahr nicht mit ihren Eltern verreisen können, die müssen leider arbeiten und Oma und Opa haben immer viel Zeit für Benny und Jenny. So sitzen sie an ihrem ersten Morgen am Frühstückstisch und Benny fragt: „Was machen wir heute, was habt ihr euch für uns ausgedacht?" „Ich will mit euch abtauchen", antwortet Opa den beiden. „Abtauchen?", fragen Benny und Jenny gleichzeitig. „Du meinst bestimmt eine Unterwasserwelt?", erwidert Jenny eifrig und Benny etwas vorsichtiger: „Tauchen kann ich aber nicht!"

„Wer weiß? Wenn ich es so recht betrachte, können wir sehr wohl dort untertauchen, nein, abtauchen!", antwortet der Opa geheimnisvoll. „Ehrlich?", fragt Benny und rutscht unruhig auf seinem Stuhl hin und her. „Das ist spannend!", begeistert sich jetzt Jenny. „Ich will diese unbekannte Welt entdecken."

„Dann lade ich euch ein, sie kennenzulernen!", schlägt Opa vor. „Kommt, zieht euch schnell an, dann zeige ich sie euch!"

Das muss er den Kindern nicht zweimal sagen. Wenig später schon betreten sie das Wohnzimmer. Rechts an der Wand steht auf einem Tisch ein Aquarium. Darin schwimmen zwei dicke, orange schillernde Goldfische, die ihnen aus großen, aufmerksamen Augen entgegenblicken. „Oh, wie toll!", freut sich Jenny. „Ist das die Unterwasserwelt?" „Pah!", macht Benny, „das sind doch nur zwei Fische", er ist ein wenig enttäuscht. „Das ist Horst und das ist Kurt", stellt der Opa die Goldfische vor, „und die freuen sich, euch kennenzulernen, und dass ihr sie in den Ferien besucht." „Woran siehst du denn, dass sich Horst und Kurt freuen?", will Benny wissen. „Sie blubbern, schau doch!" Und tatsächlich, Horst macht: „Blubb" – und kleine Bläschen steigen an die Wasseroberfläche. „Das heißt ‚willkommen!'", übersetzt Opa. Jetzt ist auch Benny von den Goldfischen fasziniert. Wie gebannt starren die Geschwister die Goldfische an.

„Was für lustige Fische das sind!", stellt Jenny fest. „Ich glaube, jetzt lachen sie."

„Nein", widerspricht Benny, „sie wollen uns etwas erzählen. Sieh doch, wie viel sie blubbern. Und ehrlich, ich glaube, ich kann sie sogar verstehen."

„Das sind ja auch mein Horst und mein Kurt, die haben immer etwas zu erzählen", behauptet der Opa. „Doch ich wollte euch nicht nur Horst und Kurt zeigen. Sondern euch einstimmen auf das große Aquarium, zu dem wir jetzt fahren. Wollt ihr euch das ansehen?"

„Klar, wollen wir, aber erst mal muss ich mich noch mit den Goldfischen unterhalten!", sagt Benny. „Sie schauen gerade so lieb."

„Ich möchte mich auch noch etwas mit Kurt und Horst unterhalten. Bestimmt erzählen sie uns noch von ihrer kleinen Welt." Auch Jenny ist nicht von den Goldfischen wegzulocken.

Da lacht der Opa: „So ist das manchmal mit den kleinen und doch so spannenden Welten. Bleiben wir für heute alle bei Horst und Kurt. Die Fische in dem Riesenaquarium freuen sich auch morgen noch auf euren Besuch."

Benny und Jenny verbringen den ganzen Tag mit den Goldfischen und lassen sich Geschichten aus ihrer Unterwasserwelt vorblubbern.

Kreatives Angebot

Unterwasserwelt im Glas

Alter: ab 4 Jahren
Material: leeres Einmachglas mit Deckel, Tonkarton (orange und grün), blaue Wolle, Sand, Muscheln, kleine Steine, Klebefilm

So wird's gemacht:
Die Kinder befüllen das Glas etwa 1 – 2 cm mit Sand oder kleinen Steinchen. Darauf dekorieren sie Muscheln und Steine.

Auf den orangen Tonkarton zeichnen sie zwei Fische – so groß, dass beide im Glas Platz haben – und gestalten sie mit dem schwarzen Stift aus.

Die beiden Fische schneiden sie aus und kleben ihnen am Rücken ein Stück blaue Wolle. Das Ende der Wolle befestigen sie innen am Deckel mit einem Klebestreifen.

Den Deckel schrauben sie auf das Glas – und schon schwimmen die Fische im „Wasser".

Aus grünem Tonkarton schneiden sie noch Wasserpflanzen aus und kleben diese von außen am unteren Rand des Glases an.

Geschichte

Mit dem Buch auf Weltreise

Alter: ab 4 Jahren

Die Sommerferien fangen an und trotzdem sind Max und Lisa wütend und enttäuscht. Ihre Eltern haben nicht frei bekommen und deshalb fahren sie dieses Jahr nicht gemeinsam in Urlaub. An ihrem ersten Ferientag sitzen sie mit ihrer Oma am Frühstückstisch. Die Eltern sind schon arbeiten und die Oma ist gekommen, um mit den beiden den Tag zu verbringen. „Warum müssen Mama und Papa arbeiten?", fragen Max und Lisa: „Alle fahren in den Urlaub, nur wir bleiben zu Haus, das ist so blöd!" „Warum seid ihr denn so brummig?", wundert sich Oma. „Ich habe mich immer sehr auf die Ferien gefreut." „Pah!", Max verzieht das Gesicht, „Ferien ohne zu verreisen sind eben doof."

„Aber ihr wisst doch, eure Eltern würden so gerne mit euch verreisen", meint Oma, „aber dieses Jahr müssen sie ausnahmsweise arbeiten.

„Warum müssen sie das?", trotzt Lisa, „wissen sie nicht, dass alle unsere

Freunde in Urlaub fahren und wir hier alleine bleiben." Oma zuckt mit den Achseln. „Sie müssen es eben und würden bestimmt auch lieber verreisen, als zu arbeiten. Bestimmt sind sie deswegen sehr traurig." „Wir sind auch traurig", maulen die Geschwister.

„Ihr müsst gar nicht mehr traurig sein, denn jetzt bin ich ja da! Ich habe viel Zeit für euch und tausend Ideen, die euch Freude machen werden, und bin froh, dass ich in den Ferien nicht so alleine bin." „Freust du dich wirklich, dass wir daheim bei dir bleiben?", fragt Lisa. „Spielst du mit uns und erzählst du uns wieder Geschichten?" „So viele ihr wollt. Wir können auch in den Park gehen oder in den Zoo, durch die Stadt bummeln, in der Sonne dösen, ja, und ein bisschen verreisen können wir auch." Max und Lisa blicken die Oma ungläubig an. „Verreisen? Wohin?" Oma macht ein geheimnisvolles Gesicht. „Es sind ganz besondere Reisen, die wir machen." „Wie besonders?", fragt Max. „Sind die Reisen gefährlich?" „Gefährlich nicht, aber einzigartig", antwortet die Oma. Darunter können sich Max und Lisa nichts vorstellen.

Oma lächelt. „Ich zeige es euch." Sie holt ein dickes Buch aus dem Bücherregal. Sie schlägt die erste Seite auf und eine große Weltkarte wird sichtbar. Dann dreht sie ihren Kopf etwas zur Seite und wackelt mit dem Zeigefinger: „So, wo soll unsere Reise hingehen?" Sie tippt mit dem Finger auf die Karte und fragt: „Na, wo sind wir gelandet?" Max sieht auf die Karte. „In Amerika."

„Oh, genau, mitten in den USA", sagt Oma. „Wie interessant, dort lebten früher die Indianer. Sie blättert in ihrem Buch ein paar Seiten weiter und ein großer Indianer erscheint auf der Seite. „Heute reisen wir also zu den Indianern, das wird prima! Lisa und Max schauen ihre Oma erstaunt an: „Wie soll das gehen?", fragen sie. „Ganz einfach, wir sind heute Indianer! Zuerst bauen wir uns einen Wigwam, das ist ein Indianerzelt, dann bemalen wir unsere Gesichter festlich, setzen uns ums Lagerfeuer und erzählen uns Geschichten", erklärt die Oma. Jetzt verstehen es auch Max und Lisa: „Du möchtest mit uns Indianer spielen!", rufen sie begeistert. Schnell wird das Wohnzimmer zu einem Indianerlager umgestaltet, das ist so aufregend. Danach holen sie die Schminkfarben und malen sich ihre Gesichter farbig an wie die Indianer. Sogar Oma hat bunte Streifen auf Wangen, Kinn und Stirn. Als sie gemeinsam auf dem Boden sitzen, erzählt ihnen Oma Geschichten von den Indianern, wie sie lebten und welche Abenteuer Indianer in ihrem Land erleben konnten. Sogar zum Mittagessen machen sie ein Picknick auf dem Boden wie echte Indianer.

So vergeht der erste Ferientag wie im Flug. Als am späten Nachmittag Mama und Papa nach Hause kommen, wundern sie sich über die bunten Gesichter und freuen sich, dass Max und Lisa sie so fröhlich begrüßen. „Wie seht ihr denn aus, wo kommt ihr denn her?", fragen Mama und Papa. Noch immer begeistert von dem schönen Tag, erzählt Lisa von der aufregenden Reise zu den Indianern. Als sich Oma dann für heute verabschiedet, ruft Max ihr hinterher: „Machst du mit uns morgen wieder so eine Reise?" „Klar, wir können, wenn ihr wollt, an jedem Ferientag in ein anderes Land reisen", schlägt Oma vor, „dazu schlagen wir wieder das Buch auf und sehen, wo uns die Reise hinführt. Am Ende der Ferien habt ihr fast so etwas wie eine Weltreise gemacht."

Da freuen sich Max und Lisa und sie sind gar nicht mehr so böse, dass die Sache mit der Ferienreise nicht geklappt hat. Was ist das schon, gegen eine Weltreise? Und so besuchen sie noch weitere Kontinente wie Afrika, Australien und Länder wie China, Peru und Indien.

Geschichte

Ein Haus auf Rädern

Alter: ab 4 Jahren
Material: Malblätter, Stifte

Heute möchte ich euch von meinem ersten Urlaub mit einem Wohnwagen erzählen. Wer ich bin? Ich heiße Emma und bin fünf Jahre alt. Bisher habe ich einmal Urlaub in einem Hotel und einmal auf einem Bauernhof gemacht. Die Urlaube waren toll und ich habe immer viel erlebt. Ich weiß, dass Mama und Papa auch dieses Jahr einen Urlaub planen, doch sie haben mir bis jetzt noch nicht verraten, wo es hingehen soll.

Beim Abendessen, kurz vor den Sommerferien, erzählen mir Mama und Papa von der Idee, dieses Jahr mit einem eigenen Haus in Urlaub zu fahren. „Mit unserem eigenen Haus? Das geht doch gar nicht“, sage ich zu Papa. Papa lacht und antwortet: „Ich meine ja auch nicht dieses Haus, sondern ein Haus auf Rädern oder genauer gesagt einen Wohnwagen.“ Unter einem Wohnwagen kann ich mir etwas vorstellen. Auf der Autobahn haben wir schon oft welche überholt. „Wozu in einem Hotelbett schlafen, wenn wir die eigenen Betten von Ort zu Ort bewegen können?“, erklärt mir Mama und fügt hinzu, „morgen können wir es abholen, unser Haus auf Rädern.“

Als ich am nächsten Tag aus der Kita komme, steht es da, unser „Haus auf Rädern“ oder besser gesagt der Wohnwagen. So groß habe ich ihn mir gar nicht vorgestellt. Über einen Hocker steige ich in den Wohnwagen und bin total verblüfft. Innen sieht es aus wie in einer Wohnung, nur dass alles in einem Raum ist: die Küche, das Kinderzimmer, das Elternschlafzimmer und das Wohnzimmer bzw. Esszimmer. Doch wo ist das Bad oder die Toilette?

Mama öffnet eine Tür und tatsächlich gibt es dahinter ein kleines Waschbecken und eine Toilette. Überall im ganzen Wohnwagen sind Klappen verteilt und Mama sagt: „Wie bei einem Umzug, die Möbel sind da, aber die Einrichtung fehlt noch. Beim Einrichten kannst du mir helfen. Komm, wir überlegen gemeinsam, was wir alles brauchen.“ Zuerst ist die Küche dran, denn Papa meint: „Nach einer langen Autofahrt werden wir hungrig sein und etwas essen wollen. Deshalb starten wir bei unserer Einrichtung in der Küche. Also, was brauchen wir: Besteck, Teller, Becher und Töpfe.“ Es ist ganz neues Geschirr, das wir in den Schrank räumen, und es ist aus Plastik. Dazu erklärt mir Papa: „Das ist leichter als Geschirr aus Glas und Porzellan. Da wir wahrscheinlich viel draußen vor dem Wohnwagen essen und nicht auf dem Boden sitzen wollen, nehmen wir noch extra einen Tisch und Stühle mit.“ Papa packt diese Dinge unter ein Bett, das man hochklappen kann. Mama bezieht die Betten und räumt das Bad ein: für jeden eine Zahnbürste, Zahnpasta und Duschgel. „Handtücher dürfen wir nicht vergessen“, sage ich zu Papa, der sich freut, dass ich so gut mitdenke. Als alles Wichtige eingeräumt ist, fragt mich Papa: „Wie möchtest du deine Schlafecke einrichten? Du hast hier auch noch Schränke, die wir nicht für deine Kleidung brauchen.“ Ich weiß natürlich sofort, was mir noch fehlt: meine Spielsachen! Doch was soll ich mitnehmen, wie viel Platz ist in den Schränken? Alles, was ich mitnehme, muss Platz in einem Schrank haben, damit nichts während der Fahrt im Wohnwagen umherfliegt. Also schaue ich mich um und nehme zuerst meine Lieblingspuppe, dann ein Puzzle, ein Kartenspiel, mein Memory und meine Malsachen. Ich habe Glück, all diese Dinge lassen sich gut in den Schränken verstauen und es ist sogar noch Platz für die Wechselkleider von Püppi, schließlich möchte sie sich im Urlaub auch mal umziehen können! Als unsere Kleider verstaut sind, räumt Mama noch ein paar Lebensmittel ein und Papa hängt den Wohnwagen ans Auto. „Eine lange Autofahrt soll es nicht werden, der Campingplatz ist nicht weit“, erklärt mir Papa. So fahren wir über die Autobahn und werden von anderen Autos überholt. Doch das macht mir nichts, ich bin richtig stolz, denn wir haben ja unsere Wohnung mit dabei. Auf dem Campingplatz angekommen, finde ich mich schnell zurecht und auch das Essen schmeckt lecker wie daheim.

Auf dem Gelände gibt es neben dem Spielplatz einen Pool mit Rutsche und da sind einige Kinder in meinem Alter, die gleich mit mir spielen.

Auch meine erste Nacht im Wohnwagen ist eigentlich wie zu Hause, es ist ja auch die gleiche Bettwäsche. Nach einem leckeren Frühstück in der Morgensonne verbringe ich den ganzen Tag im Freien mit meinen neuen Freunden.

Leider geht der erste Urlaub mit unserem „Haus auf Rädern" viel zu schnell vorbei und ich möchte noch gar nicht nach Hause. Doch Mama und Papa beruhigen mich. „Du brauchst nicht traurig sein. In den nächsten Ferien fahren wir wieder in Urlaub – und dann richtig lange."

Ganz ehrlich, ich kann es kaum erwarten, denn ein Urlaub mit dem „Haus auf Rädern" ist der beste Urlaub, den ich mir vorstellen kann.

Nach der Geschichte setzen sich die Kinder an einen Tisch und malen sich ihren Wunsch-Traum-Wohnwagen.

Wohnwagen basteln

Kreatives Angebot

So wird's gemacht:
Die Vorlage für jedes Kind kopieren. Die Kinder malen den Wohnwagen nach ihren Vorstellungen an. Sie schneiden die Vorlage an den gestrichelten Linien ein und kleben den Wohnwagen zu einer Schachtel zusammen.

Sie schneiden die Räder und die Anhängerkupplung aus und kleben sie an den Wohnwagen.

Alter: ab 4 Jahren
Material: Kopiervorlage 10 (Anhang Seite 109), Malstifte, Schere, Kleber

Anhang

Malvorlage 1 zu Sonnenschutz (S. 17)

Trinken nicht vergessen!

Rechtzeitig eincremen!

Sonnenbrille tragen!

Kappe oder Tuch nicht vergessen!

Möglichst im Schatten bleiben!

Kopiervorlage 2 zu Wörter mit „Sonne" (S. 29)

Kopiervorlage 3 zu „Farben mischen" (S. 46)

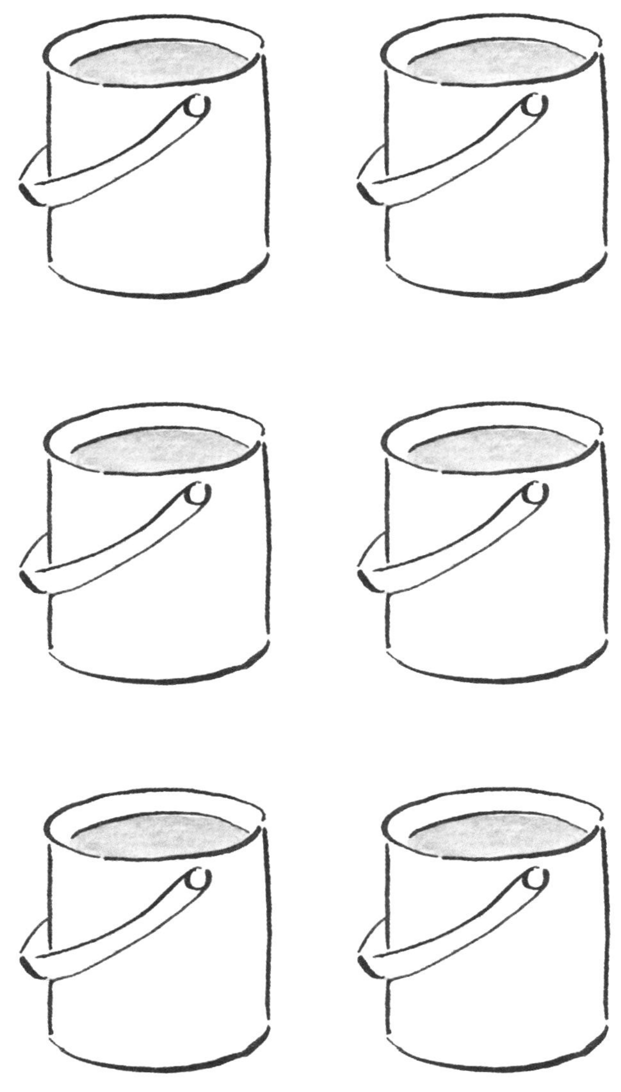

Kopiervorlage 4 zu „Beduine aus Tonkarton“ (S. 66)

Kopiervorlage 5 zu „Trampeltier und Dromedar!" (S. 68)

Kopiervorlage 6 zu „Trampeltier und Dromedar!“ (S. 68)

Kopiervorlage 7 zu „Erdmännchen" (S. 71)

Kopiervorlage 8 zu „Kaktus" (S. 80)

Kopiervorlage 9 zu „ICE basteln“ (S. 91)

Kopiervorlage 10 zu „Wohnwagen basteln" (S. 99)

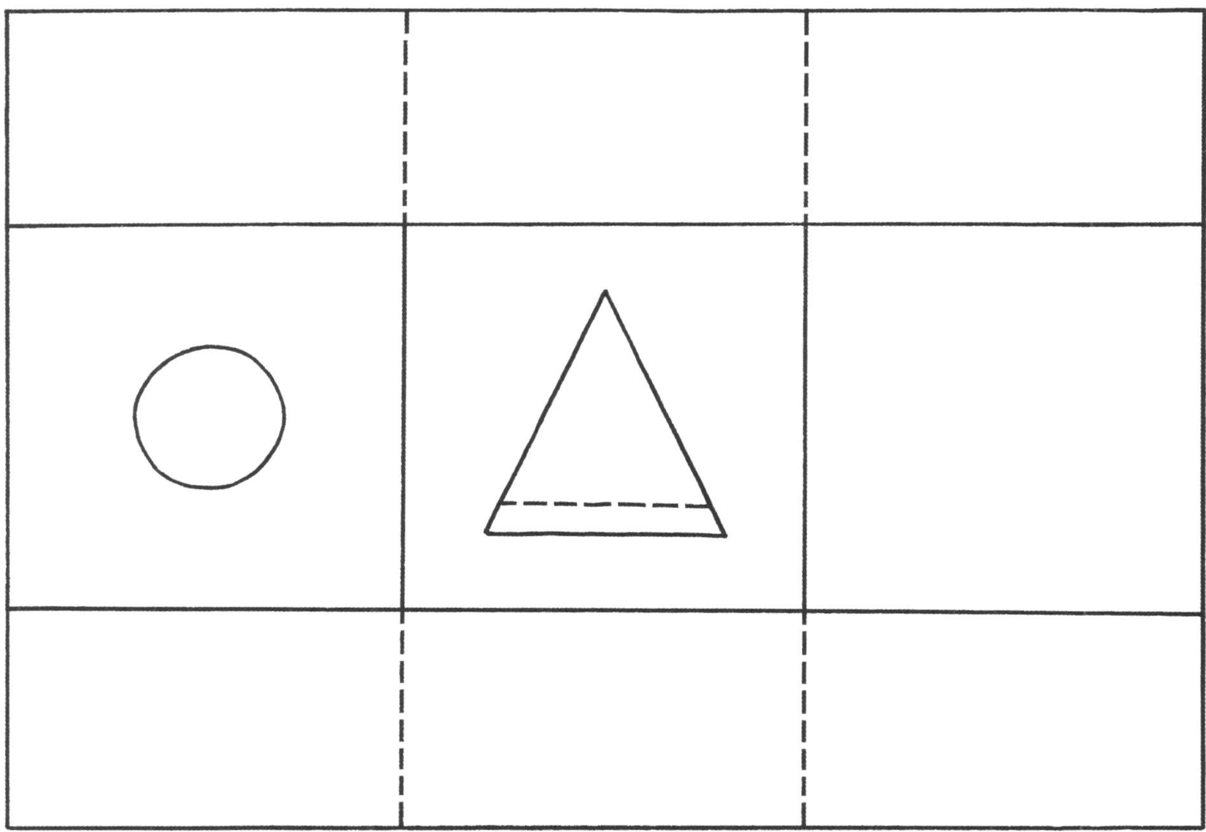

Register

Bewegungsgeschichte

Bewegungsspiel

Brainstorming

Erlebnisturnen

Fantasiegeschichte

Fantasiereise

Fingerspiel

Geschichte

Geschichte + Kreatives Angebot

Hauswirtschaftliches Tun

Klanggeschichte

Kreatives Angebot

Kreatives Angebot + Versuch

Legegeschichte mit Instrumenten

Mitmachgeschichte

Sachgespräch

Spiel

Spiellied

Spracherziehung

Versuch

Versuch + Beobachtung

Versuch + Hauswirtschaftliches Tun

Die Autorin

Anja Mohr, geboren 1968, ist verheiratet und hat zwei erwachsene Söhne. Sie lebt im badischen Forst und ist seit 1989 Erzieherin in Kindertageseinrichtungen. Durch ihre langjährige Berufserfahrung haben ihre Materialien eine besondere Praxisnähe. Darüber hinaus steht sie durch die Anleitung von Erzieherinnen und Erziehern im Anerkennungsjahr im engen Kontakt mit Fachschulen für Sozialpädagogik, wodurch sie immer wieder gefordert wird, sich auf besondere Themen einzustellen.

„Sonne, Sand und Wasser" ist der vierte Titel aus der Jahreszeiten-Reihe von Anja Mohr.

Der Illustrator

Boris Braun wurde 1967 in Freiburg im Breisgau geboren. Nach einem Lehramtsstudium in Freiburg folgte ein Illustrationsstudium an der Fachhochschule für Gestaltung in Hamburg mit dem Schwerpunkt „Kinderbuch" bei Prof. Rüdiger Stoye. Heute arbeitet er als freiberuflicher Illustrator hauptsächlich für Postkarten-, Schulbuch- und Kinderbuchverlage.

Bildnachweise
pixabay.com: S. 62, 65, 67, 70, 73